Kant et la possibilité des jugements synthétiques *a priori*

5-7, rue de l'Ecole polytechnique ; 75005 Paris

http://www.librairieharmattan.com
diffusion.harmattan@wanadoo.fr
harmattan1@wanadoo.fr

ISBN : 978-2-296-56489-3
EAN : 9782296564893

Iraj NIKSERESHT

Kant et la possibilité des jugements synthétiques *a priori*

Préface de Jean SEIDENGART

L'Harmattan

DU MEME AUTEUR

Physique quantique : origines, interprétations et critique, Paris, Ellipses, 2005.

Démocrite, Platon et la physique des particules élémentaires, Paris, Harmattan, 2007.

La Théorie de la relativité : une approche historique et philosophique, Paris, Harmattan, 2007.

Sommaire

Préface

L'ouvrage que présente ici Iraj Nikseresht est un essai destiné à ressaisir le sens de ce que l'on peut appeler le « moment kantien » au sein de l'histoire de la science classique. Bien que Kant ait publié en 1781/1787 sa célèbre *Critique de la raison pure* dans le sillage de la science newtonienne, ce n'est qu'à la suite d'une longue maturation de sa propre pensée sur cette question pendant près de 34 années, c'est-à-dire depuis son tout premier écrit précritique consacré à la « *querelle des forces vives* » en 1747. Le présent essai se propose de jeter un rapide regard rétrospectif sur la mise en place du projet critique de Kant en le situant dans son contexte historique, du moins tel qu'il a été brossé dans la *Critique de la raison pure* et dans les *Prolégomènes à toute métaphysique future*. Certains traits saillants de l'époque précritique sont même évoqués pour illustrer l'évolution de la pensée kantienne en direction de sa première *Critique*, afin d'en rendre l'accès plus vivant et plus aisé. Cette approche diachronique permet de montrer que Kant a pris peu à peu ses propres distances avec la pensée originelle de Newton tout en tenant compte des développements et des remaniements qu'apportèrent les scientifiques de son temps à la science newtonienne afin de la prolonger et même de la dépasser. Ainsi peut-on voir que Kant s'est considérablement écarté de Newton au sujet du statut de l'espace, du temps et du mouvement absolus, de la matière, de l'attraction universelle, des atomes et du vide. Plus encore que ces questions vives relevant de la physique et de la métaphysique (prise au sens fondationnel du terme), c'est avant tout le problème général de la connaissance qui préoccupait Kant et, en particulier, celui des conditions *a priori* de possibilité de la connaissance scientifique, dont les succès éclatants étaient devenus incontestables. Dans sa première *Critique*, Kant est parvenu à rendre compte de la pertinence des démarches cognitives des sciences exactes en analysant les fonctions et opérations que déploient nos facultés de connaître pour construire leur objet. Par contrecoup, l'élucidation des conditions de possibilité *a priori* de la connaissance scientifique a permis de comprendre aussi le fonctionnement de la connaissance commune : tel est bien le cas de l'application du principe de *causalité* qui intervient à ces deux niveaux, même si la forme non scientifique de la connaissance en fait un usage beaucoup plus rudimentaire et non critique. Quant aux sciences exactes, elles ont plutôt tendance à subsumer le principe de causalité sous celui de loi physique et de légalité fonctionnelle où le calcul infinitésimal permet de mettre en forme mathématique la relation nécessaire qui régit le passage de l'état présent des phénomènes physiques à leur état immédiatement postérieur.

Bref, depuis que Kant a admis expressément que la connaissance commence avec l'expérience — ce qui est un assouplissement notable du rationalisme du XVIIIème siècle — il a réussi à élucider ce que la raison prise au sens large (comme faculté de connaître *a priori*, ou plus précisément ici, l'entendement) met d'elle-même dans la connaissance à l'aide de ses *jugements synthétiques a priori*. C'est d'ailleurs la structuration judicative de la connaissance au sein des sciences mathématiques et physiques qui est au centre de cet essai. M. Iraj Nikseresht montre comment, selon Kant, le sujet connaissant construit ses connaissances en synthétisant les données de l'expérience (pour la perception courante et pour la physique) et de l'intuition pure (pour les mathématiques) sous l'unité des concepts purs de l'entendement (ou catégories), ce que Kant nomme proprement la faculté de *juger*. Connaître, c'est opérer activement une synthèse intellectuelle des données de la sensibilité pour dépasser celles-ci dans un objet conceptualisé. C'est Kant qui est parvenu, mieux que Jean Henri Lambert, à rendre compte du fait que les sciences physiques de son temps sont des sciences à la fois expérimentales *et* mathématisées.

M. Iraj Nikseresht, scientifique de profession, mais également formé à la philosophie et à l'histoire des sciences, jette ici un regard éclairé sur la philosophie des sciences exactes classiques telle qu'elle se dégage de l'entreprise critique de Kant. Ainsi prolonge-t-il en amont ses recherches en philosophie des sciences qu'il avait consacrées à la physique contemporaine dans trois autres ouvrages antérieurs consacrés respectivement à la théorie de la relativité, à la physique quantique et à la physique des particules élémentaires. La double culture, dont M. Nikseresht fait bénéficier ses lecteurs, leur permet de pénétrer directement dans la philosophie kantienne de la connaissance scientifique à l'âge du newtonianisme. N'oublions pas que ce fut encore cette philosophie qui a encore servi de référence incontournable aux scientifiques et aux philosophes du XIXème et du début du XXème siècle. Malgré les profondes mutations qui bouleversèrent avec éclat et firent considérablement progresser tant les sciences formelles que les sciences de la nature depuis la mort de Kant survenue en 1804, cette théorie de la connaissance nous concerne encore, bien que le paradigme newtonien ait été totalement dépassé depuis plus d'un siècle. Même si le Cercle de Vienne et Wittgenstein, nourris de la logique formelle post-frégéenne ont vigoureusement contesté et rejeté l'existence des jugements synthétiques *a priori*, c'est qu'au début du XXème siècle la question était encore d'actualité. De toutes façons, accepter ou rejeter l'existence des jugements synthétiques *a priori* pose un réel problème pour la théorie de la connaissance. A cet égard, le geste critique de Kant reste exemplaire et peut encore nous inspirer. C'est précisément ce que l'ouvrage de M. Nikseresht se propose de faire.

Jean SEIDENGART
Professeur de Philosophie
Université Paris Ouest-Nanterre

Introduction

Le mouvement philosophique qui va de Newton à Kant traverse le siècle des Lumières. Kant définissait le siècle de la philosophie des Lumières comme « un siècle qui ne se laisse pas davantage amuser par une apparence de savoir »[1]. Le vrai savoir, celui des *Principes mathématiques de la philosophie naturelle*, reconnu par Buffon, d'Alembert, Voltaire et tant de philosophes du XVIIIe siècle montre que nous pouvons parvenir à une conception vraiment mathématique des phénomènes de la nature. Suivant le chemin tracé par Newton qui écartait les hypothèses arbitraires, il deviendrait possible d'étendre à toute la philosophie les *regulae philosophandi* qui avaient prouvé leur valeur dans le domaine de la physique. « Sapere aude ! Aie le courage de te servir de ton propre entendement. Voilà la devise des lumières » écrivait Kant dans son article de 1784 « *Qu'est-ce que les lumières* ? »[2]. La découverte des principes mathématiques qui rendent la nature intelligible, conduit à l'émancipation intellectuelle d'une raison appelée à revendiquer son autonomie.

Il est convenu de dire « le siècle des lumières » pour dissiper toutes les obscurités. « J'ai porté le point essentiel dans l'avènement des lumières sur celles par lesquelles les hommes sortent d'une minorité dont ils sont eux-mêmes responsables, surtout sur les questions de religion ; parce que, en ce qui concerne les arts et les sciences, nos maîtres n'ont aucun intérêt à jouer le rôle de tuteurs sur leurs sujets »[3]. Sommes-nous si loin du procès de Galilée ? Nous aurions tort de comprendre

---

[1] Kant, *Critique de la raison pure*, traduit par Alexandre J. –L. Delamarre et F. Marty à partir de la traduction de J. Barni, Paris, Gallimard, 1980, A XI ; IV 9.

[2] Kant, *Réponse à la question : Qu'est-ce que les lumières ?* 1784, traduit par Heinz Wismann, Paris, Gallimard, 1985.

[3] *Ibid.*, AK VIII 41, p. 90.

cette phrase comme la simple expression d'une pleine liberté de pensée dans le domaine des sciences et de la philosophie. « Si donc maintenant on nous demande : Vivons-nous actuellement dans un siècle éclairé ? Voici la réponse : Non, mais bien dans un siècle en marche vers les lumières. Il s'en faut encore de beaucoup, au point où en sont les choses, que les humains, considérés dans leur ensemble, soient déjà en état, ou puissent seulement y être mis, d'utiliser avec maîtrise et profit leur propre entendement »[1].

Malgré la lucidité de ses analyses, E. Cassirer juge : « Or, plus que jamais, me semble-t-il, il est temps que notre époque accomplisse un tel retour critique sur elle-même, qu'elle se mire au clair miroir que lui tend le siècle des lumières »[2]. Il ne faut pas oublier qu'à la devise « Sapere aude ! » répond cette autre exclamation de Kant. « Il est si aisé d'être mineur ! »[3]. Le miroir n'est donc pas clair. Les forces qui maintiennent l'homme dans la minorité ne sont pas seulement celles d'une violence extérieure. Même si Pope, dont Kant aimait citer les vers dans l'*Histoire générale de la nature et théorie du ciel*, a exprimé son admiration pour Newton en ces termes : « Nature and Nature's laws lay in night God said : ''Let Newton be'' and all was light »[4].

Les *Principes Mathématiques de la philosophie naturelle* eux-mêmes ont été soumis au tribunal de la Critique. Et la science newtonienne se trouve engagée dans des relations avec des questions philosophiques et théologiques, sans qu'il y ait nécessairement confusion.

---

[1] *Ibid.*, AK VIII 40, p. 90.

[2] Cassirer E., *La philosophie de la lumière*, Paris, Fayard, 1966, p. 38.

[3] Kant, *Réponse à la question : Qu'est-ce que les lumières ?*, *op. cit.*, AK VIII 35, p. 83.

[4] « La nature et ses lois gisaient, cachées dans la nuit. Dieu dit : Que Newton soit ! Et tout fut lumière ». Pope A., projet d'épitaphe pour le tombeau de Newton. Cité par Prigogine et Stengers, *La nouvelle alliance*, Paris, Gallimard, 1986, p. 57.

Si Newton a une place dominante dans la formation intellectuelle de Kant, il faut aussi tenir compte de son appartenance à l'université allemande. Il paraît plus juste d'écrire : la philosophie kantienne est une philosophie newtonienne comprise par un philosophe leibnizien-wolffien. Kant serait au carrefour de la physique-mathématique newtonienne et de la métaphysique leibnizienne. Position dont il est évident qu'elle est difficile à tenir, d'où l'apparition manifeste dans l'œuvre de Kant, d'un effort constant pour reconstruire la métaphysique et analyser le processus de la connaissance qui a donné naissance au criticisme.

Il serait erroné de limiter à quelques noms la liste des auteurs qui sont aux sources de la pensée kantienne et qui ont exercé une influence sur la formation de la philosophie kantienne. Tous n'ont pas une égale importance, mais il y aurait quelque arbitraire à décider d'une classification qui par exemple mettrait au premier rang Newton, Leibniz, Hume, Rousseau. La genèse de la pensée de Kant n'est pas une suite de rencontres intemporelles qui s'effectueraient à l'occasion de la lecture de ces auteurs.

Chapitre I : Kant héritage du siècle précédent

1. De Newton à Kant

1.1. Pré-critique

Les citations de Newton sont limitées dans l'œuvre de Kant ; Newton n'est cité que deux fois dans la *Critique de la raison pure*[1], deux fois dans la *Critique de la faculté de Juger*[2], et pas une seule fois dans la *Critique de la Raison Pratique*. Sans tomber dans cette attitude extrême, on pourrait ajouter aux citations les traces d'une présence de la pensée newtonienne dans l'œuvre de Kant. Mais comment décider de la présence de ces traces ? Quel critère nous permettra d'affirmer qu'un texte de Kant évoque la pensée newtonienne ? La nécessité d'établir un tel critère montre qu'une simple lecture des textes ne révèle pas d'elle-même toutes les données intellectuelles à partir desquelles la philosophie kantienne se constitue.

Pour résoudre ce problème, nous estimons indispensable la lecture directe de l'œuvre de Kant. Les références à Newton que nous y rencontrons ne sont pas négligeables, mais seule la connaissance de la pensée newtonienne, de ses innovations et de ses difficultés, peut nous permettre de saisir son rôle dans la constitution du rationalisme critique.

Kant appartient au 18ème siècle où la physique de Newton l'a emporté sur la physique cartésienne et a fait de lui l'une de ces figures où une époque reconnaît un des points de plus grande avancée dans l'entreprise de la connaissance. Ce n'est pas trop schématique de dire que Newton fait la synthèse, dans le « système du monde » ordonné selon la loi de la gravitation universelle, du départ donné par Galilée et des progrès réalisés en particulier par Descartes et Huygens.

---

[1] Kant, *Critique de la raison pure*, Ak III 15 et 213.

[2] Kant, *Critique de la Raison Juger*, traduction et introduction Alexis Philonenko, Paris, Vrin, 1993, § 47 et § 75.

Ce « système du monde » est l'objet du livre qui termine les *principa*, ouvrage dont les dernières éditions étaient encore récentes[1] lorsque Kant, au sortir de ses études, se consacrait à l'étude de divers problèmes de physique, avant de se montrer créateur en astronomie. Son *Traité de l'estimation des forces vives*, en 1747, suivait d'une vingtaine d'années la dernière édition des *principa*, faite du vivant de Newton. Lorsqu'en 1755 Kant publie l'*Histoire générale de la Nature et Théorie du Ciel*, il indique clairement que son travail s'inscrit dans la continuité de la pensée newtonienne. Le premier chapitre est précédé d'un rappel des principes newtoniens. « Brève esquisse des concepts fondamentaux les plus nécessaires de la science du monde de Newton, qui sont requis pour la compréhension de ce qui suit »[2]. Il passait sous silence cette idée d'une science du monde qui mérite d'être considérée attentivement. Il n'est donc pas surprenant que la *critique de la raison pure* fasse à son tour une place de choix à ces *Principia.* C'est bien du réel qu'il s'agit, comme en témoigne le succès de la physique newtonienne. Mais elle est en même temps une intelligence de ce réel, puisqu'elle en manifeste les conditions de possibilité. Le possible se joint ici au réel, donnant ainsi la nécessité d'une science. Ce qui nous intéresse ici, c'est la façon dont la *Critique de la raison pure* reprend les *Principa* de Newton, considérés comme le monument où la raison humaine trouve en même temps sa légitimité et sa force. Il est utile, cependant, d'indiquer d'abord brièvement une trace de la pensée de Newton dans l'œuvre de 1755, *Histoire générale de la nature ou théorie du ciel*, car cela aide à comprendre la reprise des *Principa* newtoniens dans la pensée critique. Mais il faudra surtout montrer comment

---

[1] La première édition est de 1687 ; une deuxième édition est faite en 1713 par Roger Cotes et une troisième par John Pemberton en 1726 à Londres.

[2] Kant, *Histoire générale de la Nature et Théorie du ciel*, 1755, AK. 243, traduction, introductions et notes par P. Kerszberg, A.-M, Roviello et J. Seidengart sous la coordination de J. Seidengart, Vrin, 1984, p. 85.

l'œuvre critique se laisse comprendre comme une relecture de l'œuvre newtonienne.

Pour Kant, la science newtonienne ne coïncide donc pas avec l'œuvre de son auteur et, dans une certaine mesure, il se donne pour tâche d'en poursuivre l'achèvement. Il se confirme que l'on ne peut pas poser dans un pur rapport d'extériorité la science newtonienne et la philosophie kantienne, mais cela n'exclut pas la question de fidélité de Kant aux principes newtoniens. Or le titre lui-même, « *Histoire générale de la Nature et Théorie du Ciel* », marque une ambition dogmatique qui s'est presque totalement dépouillée de l'appareil mathématique des *Principes Mathématiques de la Philosophie naturelle*. Comment est-il possible de présenter les principes newtoniens d'une science du monde en faisant si peu usage du langage des mathématiciens ?

Kant reprend la distinction opérée par Newton dans les *Principes mathématiques de la philosophie naturelle* entre le langage des mathématiciens et le langage des physiciens. Pour être complète la science de l'univers doit développer cette partie physique manquant à la science newtonienne qui en a cependant indiqué la voie. Pourtant, bien que remarquable par son exactitude au point d'évoquer la perfection, la partie mathématique de la science de l'univers reste elle-même inachevée. Si la science newtonienne a découvert les lois de la « constitution actuelle », restent à découvrir les lois de ses transformations[1].

[1] « Telles sont les raisons sur lesquelles je fonde mon assurance que la partie physique de la science de l'univers peut encore espérer à l'avenir cette perfection à laquelle Newton a porté sa moitié mathématique. Avec les lois d'après lesquelles l'univers subsiste dans sa constitution actuelle, il n'en est peut-être pas d'autres, dans toute la science de la nature, à être susceptibles de telles déterminations mathématiques que celles d'après lesquelles il a commencé, et il ne fait pas de doute que la main d'un géomètre éprouvé trouverait ici à travailler des champs qui ne seraient pas inféconds ». Kant, *Histoire générale de la Nature et Théorie du ciel*, AK. I, p. 230.

La science de l'univers, telle qu'elle est conçue par Kant, présente donc le plan suivant. Elle se compose de deux parties, une partie mathématique et une partie physique. Sa partie mathématique se divise à son tour en deux sous-parties, la détermination mathématique de sa constitution actuelle et la détermination mathématique des transformations de l'univers depuis son commencement. A cette division correspondent également deux sous-parties dans son étude physique, d'où le double titre du livre de Kant *Histoire générale de la Nature et Théorie du Ciel.*

1.2. Epoque du criticisme

Avec le criticisme, nous trouvons sur notre chemin un nouvel obstacle. Si dans *Histoire générale de la Nature et Théorie du Ciel*, Kant se présentait comme un disciple de Newton, l'ordre qui gouverne le système critique semble procéder d'un principe interne qui n'est plus emprunté à la pensée newtonienne. Kant écrit : « Les systèmes semblent s'être formés, comme des vers, par une *generatio aequivoca*, d'une simple conjonction de concepts réunis : d'abord tronqués, complétés avec le temps ; et pourtant ils avaient tous leur schème, comme un germe primitif, dans la raison qui se développe simplement elle-même »[1]. Il ne faut donc pas se laisser arrêter par une difficulté qui n'est qu'apparente, car si la rigueur du système masque dans un premier moment les matériaux à partir desquels il s'est constitué, comme développement de la raison, elle nous apporte un solide fil conducteur.

C'est pourquoi nous appliquerons au criticisme les principes d'un examen méthodique définis par Kant lui-même. Toutes « les sciences étant conçues du point de vue d'un certain intérêt universel, il faut les définir et les déterminer, non pas d'après la description qu'en donne leur auteur, mais d'après l'idée qu'on

[1] Kant, *Critique de la raison pure*, [A 835, B 863].

trouve fondée dans la raison même, à partir de l'unité naturelle des parties qu'il a rassemblées ». Certes on peut dire que le criticisme n'est pas une science, qu'il est seulement une propédeutique au système de la raison pure[1]. Mais la *Critique de la raison pure* est déjà l'idée intégrale de la philosophie transcendantale.

Malgré sa forme systématique, le criticisme ne révèle pas d'un seul coup d'œil sa genèse. Il faut passer par l'étude précise des transformations qui s'opèrent entre les structures des *Principes mathématiques de la Philosophie naturelle* et celles de la philosophie critique.

Parmi les études plus récentes sur Kant, citons *La naissance de la métaphysique chez Kant* par F. Marty, qui consacre un important chapitre à la lecture par Kant des *Principes mathématiques de la Philosophie naturelle*[2]. Il définit l'objet de son étude : « Notre hypothèse est que l'on peut repérer, dans ce chapitre (le second chapitre du livre II de l'analytique transcendantale de la *Critique de la raison pure*. « Système de tous les principes de l'entendement pur »), un procédé de transformation du texte de *Principa*, qui permet de rendre compte, dans l'ensemble de ses articulations, mais non nécessairement dans toutes ses particularités, du texte où Kant présente le système de tous les principes de l'entendement pur. Aussi parlerons nous de relecture, désignant par là le rapport de transformation qui joint deux textes »[3]. L'objectif est atteint et F. Marty ne se limite pas à une description : il dégage le sens de ces transformations. « Il est assez clair que la transformation que nous cherchons à repérer ne demande pas une correspondance terme à terme entre le texte de Kant et les diverses propositions qui composent l'œuvre newtonienne.

[1] *Ibid.*, Introduction, § VII.

[2] Marty F., *La naissance de la métaphysique chez Kant*, Paris, Beauchesne, 1980, p. 19-156.

[3] *Ibid.*, p. 32.

C'est que cette transformation n'est pas simplement un jeu, même si elle l'est pour une part, nous le redirons. Sa raison est l'interrogation transcendantale elle-même, que nous retrouvons dans les postulats de la pensée empirique en général, posant la question du réel, alors même que la science se présente selon tout le déploiement de sa possibilité. Ce va-et-vient entre réel et possible, réel et raison pure, qui est raison de l'être, donne accès à la condition de l'homme, fini et pleinement raisonnable, puisqu'il ne dispose pas de cela même sur quoi sa raison lui donne en quelque sorte un droit[1].

Il ajoute : « la *Critique* se loge donc, pour effectuer sa tâche la plus propre, dans la science de Newton. Nous n'avons pas fini de réfléchir à cette condition de la *Critique*, et à travers elle, pour Kant, de la philosophie elle-même »[2].

Si nous passons si vite aux conclusions de cette réflexion sur les rapports de Newton à Kant, ce n'est pas pour négliger le grand intérêt d'une analyse rigoureuse dans la comparaison des textes des *Principes mathématiques de la Philosophie naturelle* et du système de tous les principes de l'entendement pur. Nous n'en contestons pas la rigueur. La comparaison des *Principes mathématiques de la philosophie naturelle* et de la *Critique de la raison pure* laisse en effet apparaître une opération de transformation dans laquelle « la *Critique* se loge pour effectuer sa tâche la plus propre, dans la science de Newton ». F. Marty exprime ainsi cette tâche que Kant semble assigner à la philosophie : « Il faut placer la question de la valeur de la science dans l'agir de l'homme responsable de ce qui lui est donné »[3].

En comparant la *Critique de la raison pure* et les *Principes mathématique de la philosophie naturelle*, nous observons des transformations. Cependant cela ne nous donne pas

---

[1] *Ibid.*, p. 114.
[2] *Ibid.*, p. 115.
[3] *Ibid.*

immédiatement connaissance de la genèse de ces transformations, parce que ce ne sont pas de simples déformations mais un rapport dynamique dans lequel des concepts se développent. La transformation des concepts n'est pas l'histoire du passage d'un sujet scientifique à un sujet philosophique, avec la disparition progressive du premier au profit du second. Pour Kant, dans la philosophie de la nature, de la *Critique de la raison pure* à l'*Opus postumum*, la présence de la pensée newtonienne est permanente et active[1].

Si le projet d'une connaissance achevée du système de l'univers n'est pas rejeté, sa réalisation se heurte à d'immenses difficultés. Mais Kant a découvert que le développement d'une science de l'univers exige du philosophe une lutte menée contre l'extravagance. Cette lutte ne consiste pas seulement en une polémique qui se nourrirait d'effets de rhétorique. Elle conduit à une opération philosophique de première importance : la détermination des limites de l'entendement humain. A partir de là toute la structure métaphysique va se réorganiser avec une telle force que la problématique qui lui a donné naissance devient moins aisée à observer. « Quels que soient sa beauté et son intérêt pour notre réflexion, l'idée générale d'un système est privée de sa vérité et reste même souvent ambiguë, dès qu'elle est isolée de l'utilisation et des conséquences auxquelles songeait l'auteur, lorsqu'il la découvrait et qu'il entreprenait de l'exposer et de la démontrer : le sens complet et indiscutable d'une pensée est dans l'intention du penseur, c'est-à-dire dans l'usage concret qu'il en fait lui-même. L'idée critique doit donc être considérée à la lumière de la théorie de la science qu'elle fonde et pour laquelle elle a été méditée »[2]. Oublier la

---

[1] Dans son *Logique,* Kant cite Newton comme un philosophe : « A notre époque, la philosophie de la nature de grands noms, par exemple Newton ». Kant, *Logique*, AK IX 32-33, traduction par L. Guillermit, Paris, Vrin, 1989, p. 34.

[2] Rousset B., *La doctrine kantienne de l'objectivité*, Paris, Vrin, 1960, p. 203-204.

métaphysique de la nature pour ne se référer qu'à la *Critique de la raison pure* et aux *Prolégomènes* c'est en effet ouvrir la voie aux interprétations hasardeuses. Car le système est alors mutilé comme une construction morte, privée du dynamisme de la pensée qui l'a construite. Comme Newton, Kant a eu la grandeur de ne pas se laisser écraser par les structures du système et nous estimons comme particulièrement remarquable la conclusion des *Premiers principes métaphysiques de la science de la nature*.

« Ainsi se termine la théorie métaphysique des corps par le vide et pour cette raison par l'incompréhensible ; en quoi elle subit le même sort que toutes les autres tentatives de la raison quand elle fait effort pour remonter aux principes, fondements primitifs des choses ; sa nature est telle, en effet, qu'elle ne peut saisir que ce qui est déterminé sous certaines conditions données ; en conséquence, elle ne peut s'en tenir au conditionné ni comprendre l'inconditionné et le désir de savoir l'invite à rechercher la totalité absolue de toutes les conditions, il ne lui reste qu'à se détourner des objets vers elle-même pour découvrir et déterminer au lieu de la dernière limite des choses, la limite ultime de son pouvoir propre, abandonné à lui-même »[1]. Alors que cette conclusion devrait être l'achèvement du système dont la *Critique* n'était qu'une propédeutique, elle est le clair énoncé du projet kantien qui a donné naissance au système. Le système critique cesse de paraître comme une belle construction formelle, mais sans contenu, si on le rétablit dans son rapport constitutif avec la science newtonienne.

2. De Descartes à Kant

Il s'agit ici d'analyser la place et le rôle tenus par le *Cogito* cartésien et sa critique dans la *Critique de la raison pure*, et de

[1] Kant, *Les premiers principes métaphysiques de la science de la nature*, dans *Œuvres philosophiques*, tome II, Paris, Gallimard, [AK IV, 564-665], p. 492.

réfléchir sur la nature de la référence à Descartes dans la pensée de Kant et de remarquer avant tout qu'elle est présente dès la période pré-critique. En 1763, dans l'*Unique fondement possible d'une démonstration de l'existence de Dieu*[1], Descartes est critiqué pour sa preuve ontologique de l'existence de Dieu, celle qui pose que la seule essence de Dieu permet de conclure à son existence, celle qui doit être critiquée parce qu'elle fait de l'existence une perfection et pas seulement une donnée de fait, celle que la Cinquième Méditation et la quatrième partie du *Discours de la méthode* développent. En 1768, dans *Du premier fondement de la différenciation des régions dans l'espace*[2], Kant lui reproche d'avoir réduit la dynamique à la géométrie, d'avoir étendu ce qui est vrai géométriquement à la physique. Jamais la pensée cartésienne n'est examinée en elle-même et pour elle-même.

La pensée de Descartes subit une double dénaturation. La lecture de Kant n'est pas directe ; Kant, selon A. Philonenko, ne regardait Descartes qu'à travers Leibniz corrigé par Wolff[3]. Cette méditation entraîne souvent une déformation ; de plus, Kant la convoque pour la critiquer, en dénoncer les insuffisances qui motivent le déploiement de sa propre pensée. Le Descartes exposé par Kant est pour ces raisons souvent très éloigné du véritable Descartes[4].

La *Critique de la raison pure* ne fait pas exception. Elle opère un renversement dans la compréhension du processus de la connaissance ; ce qu'il faut renverser c'est la conception de la

---

[1] Kant, *Unique fondement possible d'une démonstration de l'existence de Dieu*, IIIe partie, traduction de Sylvaine Zac, *Œuvre philosophique I*, pp.301-435.

[2] Kant, *Du premier fondement de la différenciation des régions dans l'espace*, traduction par S. Zac, *in* : Kant, *Quelques opuscules précritiques*, Paris, Vrin, 1970.

[3] Philonenko A., *L'œuvre de Kant*, *La philosophie Critique*, tome I, Paris, Vrin, 1993, p. 17.

[4] *Ibid.*

métaphysique classique. On peut donc la considérer comme une grande réfutation de Descartes dans la mesure où celui-ci est bien la figure emblématique d'une telle conception, de la toute puissance de la connaissance humaine et avec elle du moi pensant.

La critique du *Cogito* cartésien est, à ce titre, centrale : c'est un des passages névralgiques où la doctrine est mise en jeu, car le *cogito* cartésien participe de la conception dogmatique du sujet et de la connaissance.

La *Critique de la raison pure* ne marque pas la fin de la métaphysique ; elle vise seulement à la réformer, à la délivrer de ses prétentions dogmatiques, de son ambition de s'achever en un système[1].

Dès la préface de 1781, et sans que Descartes soit cité, on voit bien l'importance de la démarche cartésienne. Kant, en effet, rend hommage à l'intention. Il insiste sur le fait que sa critique se refuse au mépris et à l'indifférence stérile mais s'inscrit au contraire dans la continuité de l'interrogation métaphysique parce qu'elle est naturelle pour la raison humaine et que c'est là une noble entreprise. Or deux penseurs l'incarnent tout particulièrement et c'est à eux que Kant s'adresse : pour l'Antiquité il s'agit d'Aristote et pour les temps modernes de Descartes, figure emblématique de la métaphysique classique. Cela se vérifie d'abord lorsque Kant, dans ce même texte, précise la méthode qu'il a suivie : « ... savoir jusqu'à quel point je puis espérer arriver à quelque chose avec la raison si me sont enlevés toute matière et tout concours venant de l'expérience »[2]. Ici l'entreprise métaphysique est pleinement assumée dans ce qui la résume le mieux[3] : le dépassement de l'expérience, et c'est toute la démarche

---

[1] Kant, *Critique de la raison pure*, [A XII].

[2] *Ibid.*, préface à la Ier édition.

[3] « ... Comme ils vont au-delà des limites de toute expérience, ne connaissent plus désormais de pierre de touche prise à l'expérience ». Kant, *Critique de la raison pure*, préface à la Ier édition, [A VIII].

cartésienne qui peut lui être identifiée point par point puisqu'elle commence justement avec le doute et la suspension de tout enseignement donné par l'expérience. Identité de la démarche, mais aussi des exigences méthodologiques.

D'abord la ''certitude'' et la ''clarté''[1]. Kant définit la première comme l'interdiction d'émettre des opinions et d'asseoir son raisonnement sur des hypothèses. C'est là tout à fait le souci cartésien de ne rien admettre qui n'ait été pleinement vérifié, de rejeter les opinions et de se débarrasser des préjugés. Pour ce qui est de la clarté, il est intéressant de remarquer que Kant la définit en distinguant la clarté intuitive et la clarté discursive, deux notions essentielles chez Descartes puisqu'elles sont les deux voies d'accès à toute connaissance[2].

Dans la préface de 1787, quelques éléments confirment cette parenté de la méthode. Ainsi, le souci de « suivre la voie sûre d'une science » et l'exigence de systématicité ne sont pas sans évoquer l'ordre des raisons et l'enchaînement des vérités si caractéristiques du projet cartésien.

Cette démarche cartésienne dépasse le seul hommage rendu à la métaphysique et la reprise des exigences méthodologiques ; elle concerne aussi le *cogito* cartésien. Les deux énoncés en sont centraux pour la *Critique de la raison pure* : « Je pense donc je suis » du *Discours de la méthode* ou des *Principes de la philosophie* et le « je suis, j'existe » des *Méditations métaphysiques* sont décisifs pour le contenu même de l'ouvrage. En effet, avec eux, Descartes est le premier à avoir attaché le fondement de la connaissance à la conscience de soi, comme il est le premier à avoir établi ce lien si essentiel au déploiement

---

[1] *Ibid.*, [A XV].

[2] « Pour ce qui des objets considérés, ce n'est pas ce que pense autrui ou ce que nous conjecturons nous-mêmes qu'il faut rechercher, mais ce que nous pouvons voir par intuition avec clarté et évidence, ou ce que nous pouvons déduire avec certitude : ce n'est pas autrement, en effet, que s'acquiert la science ». Descartes, *Règles pour la direction de l'esprit*, traduction et note par Sirven J., Paris, Vrin, 1990, Règle III.

de la théorie de la connaissance que Kant propose dans la *Critique de la raison pure*. Kant doit à Descartes d'avoir placé au centre du questionnement philosophique la question de la saisie de l'activité de la conscience et d'avoir jeté les bases de la réponse qu'apporte la philosophie transcendantale en lui attachant la question de la connaissance. C'est à la suite de Descartes que Kant peut centrer son travail sur la recherche d'un principe unique pour saisir le vaste ensemble de la connaissance spéculative. Ce principe unique reprend la quête de l'intention métaphysique de Descartes. La réponse cartésienne c'est le *Cogito*, c'est elle qui va être critiquée comme une des conséquences fâcheuses de la « délirante passion de savoir du dogmatisme ». Mais il n'empêche que Descartes a orienté de manière décisive la pensée et que Kant le reconnaît. « L'idéalisme problématique [...] est rationnel et conforme à une manière de penser solide et philosophique, à savoir ne permettre aucun jugement décisif avant qu'une preuve suffisante ait été trouvée »[1].

Avant toute critique, Kant rend hommage à un adversaire des plus sérieux et il reconnaît la grandeur d'une pensée et il respecte l'entreprise.

Le *Cogito* est le premier cas évident d'illusion transcendantale, de même que Descartes est le cas le plus évident de dogmatisme. L'entreprise cartésienne qui aboutit au *Cogito* est l'entreprise métaphysique par excellence. Dans la préface de 1787, cette place première et exemplaire de la recherche métaphysique sur le moi est signifiée par la note de la page B XXXIX qui concerne la réfutation de l'idéalisme psychologique. Dans le livre consacré aux raisonnements dialectiques de la raison pure, les paralogismes (concernant la

[1] Kant, *Critique de la raison pure*, [B 275].

question de l'âme) viennent en premier et c'est seulement après que les questions du monde et de Dieu sont traitées[1].

La métaphysique clarifiée par la critique, évoquée par Kant dans la deuxième préface[2], apparaît pour la première fois possible concrètement lorsque Kant explore le *Cogito* cartésien et supprime le *sum*, donc dans la critique du *cogito* cartésien qui consiste justement à purifier le ''je pense'' d'une substantialisation illégitime. Fermer la recherche métaphysique sur le moi c'est faire un premier pas essentiel dans la critique de la métaphysique classique parce que cette recherche est au fondement de tout entreprise métaphysique.

La critique kantienne du *Cogito* inaugure le progrès de la réflexion idéaliste, en servant de base à la discussion des paralogismes. De l'évidence du *Cogito*, il résulte, suivant Descartes, que si les objets de notre pensée ne sont rien d'autre que des ''idées'', des déterminations de notre esprit, et n'ont

---

[1] « Je ne pourrais parler de véritable addition, mais seulement dans le mode de la preuve, que pour celle que j'ai faite avec une nouvelle réfutation de l'''idéalisme psychologique'' et une rigoureuse (et, à ce que je crois aussi, la seule possible) de la réalité objective de l'intuition externe. L'idéalisme peut bien être tenu à l'égard des fins essentielles de la métaphysique pour aussi inoffensif que l'on veut (ce qu'il n'est pas en fait), cela reste toujours pourtant un scandale de la philosophie et de la raison humaine en général de devoir admettre seulement à titre de croyance l'existence des choses hors de nous (dont pourtant nous recevons toute la matière pour nos connaissances, même pour notre sens interne), et si quelqu'un se met à en douter, de ne pouvoir lui opposer aucune preuve satisfaisante. Comme il se trouve quelque obscurité dans les expressions de la troisième à la sixième ligne, je prie de modifier ainsi ce passage ». Kant, *Critique de la raison pure,* note page [B XXXIX].

[2] « Dans cet essai de changer la démarche jusqu'ici suivie en métaphysique, opérant ainsi en elle une complète révolution à l'exemple des géomètres et physiciens, consiste donc la tâche de cette critique de la raison pure spéculative. Elle est un traité de la méthode, non un système de la science même ; mais elle en établit cependant tout le tracé, en ce qui regarde aussi bien ses limites que toute sa structure interne ». Kant, *Critique de la raison pure,* [B XXII].

peut-être en dehors de nous aucune réalité, pas plus que les illusions de nos songes, il est indubitable que le sujet pensant du moins, « moi qui pense » réellement ‘‘j’existe’’ : dans le *Cogito*, il est impliqué que je suis ‘‘une chose qui pense’’, que le sujet pensant est une ‘‘substance’’, tandis que les objets pensés, et notamment ceux que nous apercevons dans l’espace, ne sont que des ‘‘phénomènes’’ qui apparaissent à un sujet, et dont l’existence en dehors de notre conscience est douteuse, voire, a-t-on dit, indémontrable[1]. Dans le *Cogito* cartésien, la certitude de mon existence s’affirme par contraste avec l’idéalité des objets extérieurs et entraîne le paradoxe de l’idéalité, la doctrine désignée par Kant sous le nom d’‘‘idéalisme problématique’’. Or, pour dissiper ce paradoxe, il suffit, estime Kant, de dénoncer le paralogisme de la substantialité qui lui sert d’appui, qui nous fait considérer le sujet pensant comme une substance. Il faut pour cela détacher du *Cogito* sa conclusion substantialiste. La conclusion *ergo sum* : « je suis une chose qui pense » » déborde l’évidence du *Cogito*, son contenu indubitable. Selon Kant, tout ce que nous découvre l’expérience du *Cogito*, c’est qu’il n’y a pas d’objet de pensée, de *cogitatum*, sans un sujet pensant, un *cogitans* : « Le : ‘‘je pense’’, doit ‘‘pouvoir’’ accompagner toutes mes représentations »[2]. Point de pensée qui ne renvoie à un sujet, point de conscience qui ne soit la conscience de *quelqu’un* ; mais point non plus de pensée qui ne se rapporte à un objet, qui ne soit la conscience de *quelque chose*. Ce que nous enseigne indubitablement le *Cogito*, c’est cette corrélation des *cogitata* et de l’*ego cogitans* ; mais cette corrélation même ne se détermine dans l’opposition du moi et du monde que par l’activité originaire du ‘‘je pense’’, au regard d’un *ego transcendantal*, antérieur à tout contenu de conscience, et devant lequel le ‘‘moi empirique’’, existant dans le monde, apparaît comme un

[1] *Ibid.*, [B 274].
[2] *Ibid.*, [B 131].

phénomène, au même titre que les objets extérieurs. Par cette considération transcendantale s'accomplit la réduction entreprise par le doute cartésien, réduction qui doit s'étendre non seulement aux objets extérieurs, mais aux aspects de la vie intérieure ; le moi ne se connaît lui-même que dans ses modifications qui se réduisent elles aussi à des phénomènes[1], comme ceux du monde extérieur. Ainsi, avec le privilège ontologique accordé par Descartes au moi pensant, regardé comme une substance, est retiré le prétexte sur lequel s'appuie l'idéalisme problématique : le moi existe, et le monde aussi, le moi existant dans le monde et les objets aperçus dans le monde, n'ont ni plus ni moins de réalité l'un que l'autre[2]. Dans la discussion des paralogismes, Kant veut s'affranchir de l'idéalisme problématique en accédant au point de vue de la phénoménologie transcendantale.

Donc pour Kant le moi n'est ni une intuition ni un concept ; on peut en avoir conscience mais en aucun cas connaissance. Descartes s'égare lorsqu'il pense accéder avec le *Cogito* à l'intuition de l'existence pure de la pensée. Le moi connaissable est le moi empirique, celui qui est toujours lié au monde extérieur, à ce qu'il perçoit. Même ce point de départ de Descartes est faux : on ne peut avoir l'intuition d'un moi comme réalité séparée. L'intuition du fait « j'existe » est une simple abstraction opérée à partir de l'expérience ; en aucun cas on ne peut déduire l'existence du « je pense » : le « je pense » peut, en tant que sujet des représentations, être conçu comme

---

[1] *Ibid.*, [B 69] et [B 152-153].

[2] « J'ai en effet conscience de mes représentations ; elles existent donc et moi-même aussi. [...]Je n'ai pas plus besoin de procéder par rapport à la réalité effective des objets extérieurs que par rapport à la réalité effective de l'objet de mon sens interne (de mes pensées), car, là comme ici, ces objets ne sont que des représentations dont la perception immédiate (la conscience) est en même temps une preuve suffisante de leur réalité ». Kant, *Critique de la raison pure,* dialectique transcendantale, II, I Critique du 4e paralogisme [A 370-371].

une substance mais on ne peut aller jusqu'à conclure à une substance existante. On rejoint ici la réfutation de l'idéalisme[1], d'ailleurs reprise en ses grandes lignes dans l'examen du quatrième paralogisme. Le fait que je me connaisse comme séparé du monde extérieur ne prouve pas que j'existe hors de lui. Rien ne permet d'affirmer que l'ordre des concepts s'identifie à celui des existants. C'est un souci constant chez Kant d'en finir avec le règne du mathématisme cartésien repris et radicalisé par la méthode leibnizo-wolffienne. Le *Cogito* repose sur une illusion de pureté : la conclusion n'est en fait que celle du moi empirique en quelque sorte artificiellement arraché à ce qui, en fait, le constitue : le monde extérieur. Le *Cogito* c'est le moi empirique que l'on se représente à tort comme le sujet pur.

L'examen de la critique du *Cogito* cartésien dans la *Critique de la raison pure* confirme ce qu'on pouvait pressentir dès l'introduction : Kant a d'abord et avant tout le souci de faire apparaître la position cartésienne comme insuffisante et dogmatique afin que sa propre théorie de la connaissance s'impose pour ainsi dire d'elle-même dans sa différence. Cette perspective mise à jour, on comprend mieux les lacunes et les approximations de la lecture kantienne du *Cogito*. Kant critique cet énoncé pour fermer définitivement la voie de la recherche métaphysique sur le moi : c'est à la fois beaucoup plus général et très différent. De plus, il s'agit de déployer toutes ses conclusions en matière de connaissance.

Le temps et l'espace sont donc deux sources de connaissance où on peut puiser *a priori* diverses connaissances synthétiques, comme surtout la mathématique pure en donne un exemple éclatant par rapport à la connaissance de l'espace et de ses rapports. C'est qu'ils sont deux ensembles de formes pures

[1] *Ibid.*, réfutation de l'idéalisme [B 275] : Théorème et Preuve.

de toute intuition sensible, et rendent ainsi possibles des propositions synthétiques *a priori*[1].

3. Hume

Kant dit clairement que : « Ce fut l'avertissement de David Hume, qui, voilà plusieurs années, interrompit d'abord mon sommeil dogmatique et donna à mes recherches dans le champ de la philosophie spéculative une tout autre direction »[2]. Il ajoute : « j'étais bien éloigné de lui accorder audience en ce qui concerne ses conclusions, qui provenaient simplement de ce qu'il ne se représentait pas dans son ensemble qu'il posait, mais qu'il était tombé sur l'un de ses côtés seulement, lequel ne peut fournir aucune issue si l'on ne prend pas en considération le tout »[3] ; plus loin : « je tentai donc d'abord de voir si l'objection de Hume ne se laissait pas représenter sous une forme générale… »[4] . Sous la loupe de Kant, Hume est essentiellement celui qui a mis en cause l'idée même d'une connaissance *a priori* et par conséquent la philosophie au sens traditionnel, parménidien, du terme. « Depuis les essais de Locke et de Leibniz, ou plutôt depuis l'origine de la métaphysique, aussi loin que remonte son histoire, il ne s'est produit aucun événement qui ait pu être plus décisif à l'égard du destin de cette science que l'attaque portée contre elle par David Hume »[5]. Le scepticisme humien se ramène à la thèse suivante, bien qu'elle ne se trouve nulle part chez Hume lui-même : il n'y a pas de connaissance *a priori*.

D'une autre façon, le réveil du « sommeil dogmatique » de Kant par Hume a mis fin à sa foi aveugle dans la métaphysique traditionnelle où le ''phénomène'' n'est pas distingué du

---

[1] *Ibid.*, [A 39]

[2] Kant, *Prolégomènes à toute Métaphysique Future*, AK. IV 260, traduction par J. Rivelaygue in *Œuvres philosophiques*, vol. 2, p. 23.

[3] Dont Kant fut tiré, ou bien informé, par Hume.

[4] *Ibid.*

[5] *Ibid.*, p. 19.

‘‘noumène’’. Hume avait déjà remarqué qu’en métaphysique un type particulièrement important de connexion entre idées, à savoir la connexion entre cause et effet, ne pouvait être établie avec certitude ni par simple raisonnement ni par l’observation des événements du monde qui se suivent[1]. Personne n’a jamais vu une cause agir ou un effet qui s’ensuit. Entre deux événements qui se suivent, on peut certes observer une série d’événements distincts, mais jamais aucun élément de cette série ne portera la marque de cause d’un autre qui apparaît suivre comme son effet. Mais en mettant à bas la causalité, cette notion centrale de la métaphysique, Hume montre du même coup que les notions centrales de la physique newtonienne ne peuvent jamais être absolument prouvées comme certaines ; tout ce que l’expérience enseigne, c’est que la nature semble prendre pour ‘‘habitude’’ de procéder selon certaines séries d’événements ; que, selon Newton, quelques-uns de ces événements soient la cause d’autres, voilà qui ne pourra jamais être prouvé expérimentalement. Avec Hume, le destin des sciences exactes est maintenant lié indissolublement à celui de la métaphysique. Kant comprend que la seule réaction possible à cette attaque, c’est de défendre la métaphysique et la science expérimentale ensemble.

[1] « David Hume, qui de tous les philosophes s’est le plus approché de ce problème [le problème de la raison pure et la question : comment des jugements synthétiques *a priori* sont-ils possibles ?], mais était loin de le penser de façon suffisamment déterminée et dans sa généralité, en en restant à la proposition synthétique de la liaison de l’effet avec sa cause, croyait pouvoir en conclure qu’une telle proposition *a priori* est tout à fait impossible, et d’après ses raisonnements, tout ce que nous nommons métaphysique aboutirait à une pure illusion d’une prétendue saisie rationnelle de ce qui est en fait seulement emprunté à l’expérience et a pris de l’habitude l’apparence de la nécessité ; il n’en serait jamais venu à cette affirmation, destructrice de toute philosophie pure, s’il avait eu devant les yeux notre problème dans sa généralité ». Kant, *Critique de la raison pure*, [B 19-20].

Historiquement c'est à David Hume qu'on attribue le mérite d'avoir mis en lumière le rapport entre la science et la métaphysique par sa critique du principe de causalité. A l'époque de Hume, on admettait en général que nous n'avions que deux sources de connaissance : l'expérience et l'entendement humain. Au terme de son *Enquête sur l'entendement humain*, Hume aboutit à un scepticisme qui résulte de sa découverte que l'entendement ne joue aucun rôle dans l'établissement de la science tant que celle-ci se veut expérimentale. En effet, le principe de causalité qui nous permet d'établir une liaison entre des phénomènes et donc de dégager des lois, découvre au terme de l'enquête de Hume ses origines extra-rationnelles. Dans les phénomènes, aucune ''causalité'' n'est donnée à titre de Nature, rien d'empiriquement constatable. De plus, la causalité n'apparaît pas comme un principe produit par la spontanéité de l'entendement. Ces conclusions, Hume nous y conduit en nous invitant à le suivre dans une expérience mentale comme il était de ''mode'' à son époque.

Imaginons, nous dit dans un exemple David Hume, un être doué de la plus grande intelligence et qui cependant n'a aucune expérience préalable des phénomènes de notre monde : plaçons-le devant une table de billard. Que voit-il ? Une boule en mouvement qui en heurte une autre, laquelle à son tour se met en mouvement. Cet être doué de la plus grande intelligence sera tout à fait incapable d'établir entre ces deux phénomènes une quelconque relation de cause à effet. Entre les mouvements respectifs des deux billes, il ne pourra constater qu'une conjonction.

Cependant si notre être intelligent voit cette scène se répéter plusieurs fois, il finira par dire que le mouvement de la première bille est cause de celui de la seconde. Il y a là quelque chose de surprenant. Comment s'effectue le passage du constat originel d'une conjonction à l'affirmation d'une connexion ?

La réponse de Hume est celle-ci : seule l'''habitude'' de voir le mouvement de la second bille succéder à celui de la première a pu faire naître, dans l'esprit de cet être pourtant intelligent, l'idée d'une relation de cause à effet entre les deux phénomènes. Le principe de causalité devient donc, au terme de l'enquête humienne, le résultat d'une sorte de « réflexe conditionné » où l'entendement ne saurait revendiquer aucune action spontanée. « La répétition d'une énigme n'étant pas une solution à cette énigme », le principe de causalité, fruit de la répétition, ne saurait avoir aucune légitimité épistémologique. En définitive, ce sont les fondements même de la science qui se trouvent ébranlés par le scepticisme auquel aboutit la critique de Hume.

Enfin, en mettant en regard la science et la morale, on voit que la science repose sur l'idée de nécessité, la morale sur l'idée de liberté. La ''science'' et la ''morale'' sont contradictoires. Que va-t-il sortir de cette constatation ?

Hume, ayant perçu la contradiction entre la loi de la pensée et la loi de causalité, conclut au scepticisme. La ''causalité'', pour Hume, est étrangère à la pensée, mais elle est impliquée dans toute connaissance des choses ; donc il est impossible que l'esprit connaisse les choses avec certitude.

De ce doute humain, Kant nous dit au début des Prolégomènes[1]: « Nous savons d'avance que le doute de Hume n'est pas recevable, car il détruit la science et la morale ».

Selon ce scepticisme, grossi dans la perspective de Kant afin de radicaliser Hume, « toutes les prétendues connaissance *a priori* de la raison ne sont que des expériences communes faussement estampillées, ce qui s'énonce tout aussi bien ainsi : il n'y a point du tout de métaphysique et il ne saurait non plus y en avoir »[2]. Pas de métaphysique, donc pas de savoir fondamental et pas de science qui dépasse le champ restreint des faits particuliers et contingents, lesquels ne sauraient satisfaire la disposition naturelle qu'est en notre esprit le besoin métaphysique.

---

[1] Boutroux E., *La philosophie de Kant*, Vrin, 1926, P. 9.

[2] Kant, *Prolégomènes à toute Métaphysique Future*, *op. cit.*, p. 20.

Chapitre II : Antiatomisme de Kant

Les spécialistes ont l'habitude de distinguer deux grandes périodes dans l'histoire de la pensée de Kant : la ''pré-critique'' et la ''critique''. Le passage de la première à la seconde s'opère durant la décennie 1770-1780 avec la parution de son célèbre ouvrage *Critique de la raison pure*. Cette division correspond à deux attitudes diamétralement opposées de Kant par rapport à la théorie atomique.

Kant, à 31 ans, s'affirme partisan de l'idée d'une structure corpusculaire de la matière. Cette position est présentée dans son livre *Histoire générale de la nature et théorie du ciel* (1755)[1], ou il compare ses conceptions cosmologiques et celles des philosophes atomistes grecs. Ainsi il écrit : « Je ne contesterai donc pas que la théorie de Lucrèce ou de ses prédécesseurs, Epicure, Leucippe et Démocrite, ait beaucoup de ressemblance avec la mienne. Je pose le premier état de la nature, comme ces philosophes, dans la dispersion générale de la substance originaire de tous les corps célestes, comme ils sont nommés chez ceux-ci. Epicure supposait une pesanteur qui poussait ces particules élémentaires à tomber et cela ne semble pas être très différent de l'attraction newtonienne que j'accepte ; il leur accordait aussi un certain écart par rapport au mouvement rectiligne de la chute libre, bien qu'il eut sur la cause de cet écart et sur ses conséquences des idée absurdes. Cet écart s'accorde dans une certaine mesure avec le changement de la chute rectiligne que nous déduisons de l'attraction des particules ; enfin les tourbillons qui résultaient du mouvement perturbé des atomes étaient une pierre principale dans la théorie de Leucippe et Démocrite, et on les trouvera également dans la nôtre »[2].

---

[1] Kant, *Histoire générale de la Nature et Théorie du ciel*, *op. cit.*, p. 70.
[2] *Ibid.*, p. 70.

L'affinité que Kant manifeste alors en faveur de la théorie atomique est encore renforcée par son acceptation du vide, deuxième composante essentielle de la théorie corpusculaire antique. Il affirme à ce propos que « la matière est à l'origine distribuée selon une diversité infinie dans toute l'étendue infinie qu'est l'espace avant la création »[1]. Mais qu'ensuite « la densité de la matière diminue au fur et à mesure que l'on s'éloigne du centre, et la condensation des masses galactiques identiques requiert un volume plus grand à mesure que s'accroît la distance. Plus la masse façonnée de l'univers augmente, plus le vide s'installe dans ce même univers »[2]. Comme tous les piétistes rigoureux, Kant ne peut accepter la matérialisme total. Il récuse, en particulier, le rôle décisif que Démocrite et Epicure attribuent au hasard dans la formation et l'évolution du monde. Il rejette la déclinaison d'Epicure. Pour lui, « on ne peut regarder l'univers sans reconnaître l'ordonnance tout à fait excellente de son organisation et la marque sûre de la main de Dieu dans la perfection de ses relations ». Ces points de vue n'ont pas duré longtemps et le passage à l'époque critique s'est accompagné d'un renversement total de position par rapport aux postulats fondamentaux de la théorie atomique. Kant devient alors un adversaire déterminé du vide sans aucune référence à ses vues antérieures[3]. Ainsi, Kant épouse l'attitude générale des anti-atomistes, avec toutefois une argumentation spécifique qu'il est intéressant et utile d'examiner. Cette nouvelle conception trouve son expression la plus complète dans ses *Premiers principes métaphysiques de la science et de la nature*[4], paru en 1786. La proposition essentielle exprimant le rejet kantien de la conception corpusculaire du monde est contenue dans le théorème 4 du chapitre II : « La matière est

---

[1] *Ibid.*, p. 71.

[2] *Ibid.*, ch. II.

[3] Pour une ''erreur de jeunesse'' de Kant dont on préfère ne pas parler.

[4] Kant, *Les premiers principes métaphysiques de la science et de la nature*, dans *Œuvres philosophiques*, tome II, *op. cit.*.

divisible à l'infini, et ce en parties dont chacune à son tour est matière »[1].

Pour la démonstration de ce théorème, nous explicitons ce que Kant donne comme définition de ''matière''. La matière au sens réaliste et métaphysique reste la matière comme phénomène. Avant même d'être constituée en phénomène, la matière désigne le donné sensible opposé aux formes *a priori* de la sensibilité. Dans l'esthétique transcendantale, Kant écrit : « Ce qui, dans le phénomène, correspond à la sensation, je l'appelle sa matière »[2]. La définition plus complète qu'il eut donné est : « La matière est le mobile en tant qu'il remplit un espace. Remplir un espace signifie résister à tout mobile qui s'efforce par son mouvement de pénétrer dans un certain espace. Un espace qui n'est pas rempli est espace vide »[3]. En amont de l'objet physique, la matière est aussi le résultat d'une ''construction'' de l'entendement. Il qualifie lui-même cette définition de dynamique d'une matière produite par deux forces antagonistes et deux ''forces motrices'' fondamentales : « Une force d'attraction par laquelle une matière peut être cause qu'une autre s'approche d'elle » et « une force de répulsion par laquelle une matière peut être cause qu'une autre s'éloigne d'elle ». Pour Kant, la matière n'est pas douée de ces deux forces, elle s'identifie à elles, elle « est construite avec elles et elle n'est rien dans son intimité que la limitation réciproque de l'attraction et de la répulsion »[4]. Ces deux forces sont donc ses attributs ultimes. Si l'une faisait défaut, aucun espace ne pourrait contenir de la matière : en l'absence de la force d'attraction, la matière se dissiperait à l'infini ; en l'absence de

---

[1] *Ibid.*, p. 409, [AK IV, 503].

[2] Kant, *La critique de la raison pure*, Esthétique, § 1, [A 20], [B 34], [AK. III 50].

[3] Kant, *Les premiers principes métaphysiques de la science et de la nature*, *op.cit.*, p. 400, [AK IV, 496].

[4] Bréhier E., *Histoire de la philosophie*, Paris, Nouvelle édition, PUF, 1981, vol. II, p. 473.

la force de répulsion, elle serait réduite à un point. Le degré d'équilibre entre deux forces détermine le degré selon lequel la matière remplit l'espace. Nous sommes prêts maintenant à affronter la démonstration que donne Kant de son théorème sur la divisibilité de la matière à l'infini : « La matière est impénétrable, en vertu de sa force d'extension originaire, mais cette force n'est que la conséquence des forces répulsives de chaque point dans un espace rempli de matière. Or, l'espace que remplit la matière est mathématiquement divisible à l'infini, c'est-à-dire que ses parties peuvent être distinguées à l'infini (d'après les démonstrations géométriques), bien qu'elles ne puissent pas être mues et donc pas être séparées. D'autre part, dans un espace rempli de matière, chaque partie d'espace contient de la force répulsive, qui agit contre les autres parties dans toutes les directions, et ainsi les repousse, et se trouve repoussée par elles, c'est-à-dire poussée à s'éloigner d'elles. Par suite, chaque partie d'un espace rempli de matière est mobile par elle-même, et par conséquent elle est séparable des autres, à titre de substances matérielles, par une division physique. Donc aussi loin que s'étende la divisibilité mathématique de l'espace que remplit une matière, aussi loin s'étend également la division physique possible de la substance qui le remplit. Or, la divisibilité mathématique va à l'infini, par conséquent la division physique également ; c'est-à-dire que toute matière est divisible à l'infini, et cela en parties dont chacune est à nouveau une substance matérielle »[1].

Après avoir défini la nature de la matière, il reste la question du vide. Celui-ci est récusé. Nécessaire selon Kant dans la philosophie de la nature qui explique « La différence spécifique des matières qui peut varier à l'infini » par « la combinaison du plein absolu et du vide absolu », le vide n'a plus de raison d'être dans sa philosophie dynamique qui au « contraire les

[1] Kant, *Les premiers principes métaphysiques de la science et de la nature,* dans *Œuvres philosophiques*, *op.cit.*, p. 409-410, [AK IV, 503].

explique uniquement par les différences de combinaisons entre les forces originelles de répulsion et d'attraction »[1].

Dans cette conception, la matière remplit l'espace dans des degrés variables, mais dont la croissance peut se poursuivre indéfiniment sans aboutir nulle part au vide. En fait, Kant adopte vis-à-vis de l'idée du vide, qu'il admettait pourtant jadis, une attitude particulièrement critique : « Tout ce qui peut nous dispenser de chercher une échappatoire dans des espaces vides est un gain réel pour la science de la nature. Car les espaces vides laissent à l'imagination trop de liberté pour remplacer par des fictions ce qui manque à la connaissance intime de la nature. Le vide absolu et la densité absolue sont dans la nature à peu près ce que sont, dans la science métaphysique de l'univers, le hasard pur et le destin aveugle, en somme une barrière opposée à la domination de la raison, pour que la fantaisie prenne sa place ou pour que la raison soit mise en sommeil sur l'oreiller des quantités occultes »[2].

On voit bien comment, partisan hésitant et partiel de la théorie atomique dans ses premières œuvres, Kant est devenu, dans sa maturité philosophique, un adversaire déterminé de cette théorie. C'est un trajet intellectuel assez exceptionnel qui mérite d'être souligné, notamment par rapport à plusieurs philosophes et savants du XIXe siècle qui effectueront le parcours inverse.

---

[1] *Ibid.*, p. 482, [AK IV, 557].
[2] *Ibid*, p. 490-491.

Chapitre III : Le criticisme comme projet kantien

Dans cette partie du travail, notre intention est de comprendre le sens de la *Critique de la raison pure*. Nous entendons montrer jusqu'à quel point et en vertu de quelle rigueur le problème essentiel de la *Critique* est celui de la possibilité d'un savoir *a priori*. La question centrale de Kant est bien : comment des jugements synthétiques *a priori* sont-ils possibles ? Où et comment, répond-il de manière claire et distincte, à la question de la justification du jugement synthétique *a priori* et de la métaphysique comme science ?

Pour Kant en effet, la ''science' et la ''morale'' sont, et leur existence n'est pas révocable en doute, car ils constituent le point de départ de la réflexion philosophique dont le but sera d'expliquer comment est possible la science, comment est possible l'accord de la ''science'' et de la ''morale''.

Pour Kant, ce n'est pas l'''être'' qui, directement, est l'objet des recherches de la philosophie, c'est la science. C'est une chose ayant une réalité, c'est la donnée du problème. La conséquence, c'est que la philosophie ne pourra pas discuter sa légitimité ; le kantisme, tel qu'il est dans Kant, ne pose jamais la question de sa possibilité : son existence donnée est son point de départ. Il ne se demande pas si la science est possible : elle l'est, puisqu'elle est ; il se demande comment il se fait que la science existe, quel en est le principe, comment expliquer son existence. Au départ et au centre de l'investigation philosophique, se trouvent la ''science'' et la ''morale''. C'est un problème analogue à celui qui s'était posé à Newton : le Monde existe, il s'agit de le réduire en système. Kant eut l'ambition d'être le Newton de la métaphysique[1].

---

[1] Boutroux E., *La philosophie de Kant*, *op. cit.*, P. 7

1. La révolution copernicienne

Kant exprime le changement et l'esprit qu'il apporte à la métaphysique au moyen d'une analogie avec la révolution copernicienne qui s'est produite en astronomie deux cent cinquante ans plus tôt[1] : La philosophie critique accomplit en métaphysique ce que Copernic a inauguré en astronomie, savoir un changement de point de vue qui transforme le spectateur central et paisible des corps célestes en mouvement en un observateur lui-même en mouvement qui voit dans la nature l'image de sa propre agitation[2].

En effet, dans la préface de la deuxième édition de la *Critique de la raison pure* où Kant compare son projet critique à la révolution Copernic, après avoir nettement marqué son dessein : penser la métaphysique comme « le chemin sûr d'une science »[3] ; il s'intéresse, selon F. Marty, à trois éléments[4] : la logique d'abord présentée comme un succès de la raison humaine ; ensuite l'articulation de l'entendement et de la sensibilité, enfin le « changement dans la manière de penser » qui caractérise mathématique et physique, très significatif en ces domaines. En mathématique et en physique, nous avons des connaissances qui sont à la fois rationnelles et objectives en ce sens qu'elles procèdent de la seule raison et se rapportent pourtant à des objets[5]. Ces connaissances nous amènent

---

[1] Kant, *Prolégomènes à toute Métaphysique Future*, *op. cit,* AK. IV 276, vol. 2, p. 42.

[2] Après Copernic, Kepler et Newton ont montré que l'hypothèse copernicienne permet de comprendre les mouvements célestes selon une unité globale impossible dans l'astronomie ancienne, où chaque corps céleste est traité d'une manière plus ou moins indépendante des autres.

[3] Kant, *Critique de la raison pure*, [B VII].

[4] Marty F., *La naissance de la métaphysique chez Kant, une étude sur la notion kantienne d'analogie*, *op. cit.*, p. 518-519.

[5] « Mathématique et physique sont les deux connaissances théoriques de la raison qui ont à déterminer *a priori* leur objet, la première d'une façon entièrement pure, la seconde du moins en partie, mais aussi selon la

particulièrement à déterminer des objets tout à fait *a priori*, comme le font ces sciences. Et le problème est de savoir pourquoi la métaphysique a échoué là où ont réussi les mathématiques et la physique. Remarquons que le rationalisme dogmatique, s'il justifie le succès de la science, ne peut rendre compte de l'échec de la métaphysique ; et inversement, l'empirisme sceptique explique bien l'échec de la métaphysique, mais non le succès des mathématiques et de la physique.

On se pose alors les deux questions suivantes : 1°- Comment se fait-il qu'il y ait des connaissances rationnelles certaines en physique ? 2°- De telles connaissances sont-elles possibles en mathématiques ? En réfléchissant sur la manière dont les mathématiques et la physique sont parvenues à des certitudes *a priori*, on découvrira, en effet, les possibilités de la raison : « Je devais penser que l'exemple de la mathématique et de la physique, qui sont devenues, par l'effet d'une révolution produite d'un corps, ce qu'elles sont maintenant, était assez remarquable pour réfléchir au point essentiel du changement dans la façon de penser qui leur a été si avantageux, et pour les imiter ici, du moins à titre d'essai, autant que le permet leur analogie, comme connaissances rationnelles, avec la métaphysique »[1].

La façon moyenne d'entendre cette « révolution copernicienne » veut qu'elle fasse dépendre l'objet du sujet, et ne laisse place ainsi qu'à une connaissance phénoménale, toute prise du point de vue du sujet. Cela revient à l'associer à une analogie de ressemblance imparfaite, et à oublier que c'est dans le dessein de constituer la métaphysique comme science que Kant la fait jouer.

---

mesure fournie par d'autres sources de connaissance que celles de la raison ». Kant, *Critique de la raison pure*, [B X].

[1] *Ibid.*, [B XV-XVI].

Le « changement de la manière de penser », dans le cas de la mathématique et dans celui de la physique, consiste à chercher à déterminer l'objet d'après les exigences de la raison au lieu de poser l'objet comme une réalité donnée devant laquelle la raison ne pourrait que s'incliner. C'est le passage d'une méthode empirique à une méthode rationnelle ou plus exactement d'une investigation tâtonnante à une démonstration rationnelle. Puisque cette révolution a permis aux mathématiques et à la physique d'entrer dans la voie sûre de la science, ne pourrait-on en généraliser le principe et admettre que notre connaissance des objets dépend du sujet connaissant au moins autant que de l'objet connu ? Telle est la fameuse révolution copernicienne que Kant a opérée en philosophie : « On admettait jusqu'ici que toute notre connaissance devait se régler sur les objets ; mais tous les essais pour établir à leur endroit quelque chose [jugement] *a priori* par des concepts, par quoi notre connaissance eût été étendue, n'aboutissait, dans cette hypothèse, à rien. Que l'on essaye donc une fois de voir si nous ne serions pas plus heureux dans les tâches de la métaphysique, en admettant que les objets doivent se régler sur notre connaissance, ce qui s'accorde déjà mieux avec la possibilité demandée d'une connaissance *a priori* de ces objets, qui doit établir quelque chose à leur égard avant qu'ils nous soient donnés »[1].

La révolution copernicienne, c'est la substitution, dans la théorie de la connaissance, d'une hypothèse idéaliste à l'hypothèse réaliste. « Il en est ici comme de l'idée première de Copernic : voyant qu'il ne pouvait venir à bout de l'explication des mouvements du ciel en admettant que toute l'armée des astres tournait autour du spectateur, il essaya de voir s'il ne réussirait pas mieux en faisant tourner le spectateur, et en

---

[1] *Ibid.*, [B XVI].

laissant en revanche les astres en repos[1]. On peut faire un essai du même genre en métaphysique, au sujet de l'intuition des objets. Si l'intuition devait se régler sur la nature des objets, je ne vois pas comment on en pourrait savoir quelque chose *a priori* ; que si, au contraire, l'objet (comme objets des sens) se règle sur la nature de notre faculté d'intuition, je puis très bien alors me représenter cette possibilité. Mais comme je ne peux m'en tenir à ces intuitions, si elles doivent devenir des connaissances ; comme il faut, au contraire, que je les rapporte, en tant que représentations, à quelque chose comme objet et que je le détermine par leur moyen, je puis admettre l'une de ces deux hypothèses : ou bien les concepts à l'aide desquels j'opère cette détermination se règlent aussi sur l'objet, mais alors je me retrouve dans le même embarras en ce qui concerne la façon dont je puis en savoir quelque chose *a priori* ; ou bien les objets, ou, ce qui revient au même, l'expérience seule dans laquelle ils sont connus (comme objets donnés) se règle sur ces concepts, et je vois aussitôt une issue plus aisée »[2].

Le réalisme donc admet qu'une réalité nous est donnée, qu'elle soit d'ordre sensible pour les empiristes ou d'ordre intelligible pour les rationalistes, sur laquelle doit se modeler notre connaissance. Connaître consiste alors seulement à enregistrer le réel, et l'esprit est purement passif dans cette opération. L'idéalisme suppose, au contraire, que l'esprit intervient activement dans l'élaboration de la connaissance et que le réel, pour nous, est le résultat d'une construction.

---

[1] « Il faut remarquer que la révolution prêtée à Kant est exactement l'inverse de la révolution copernicienne, puisque Copernic déplaçait le centre du monde de l'homme, la Terre, au soleil, tandis que Kant aurait décidé de faire graviter les objets autour du sujet. Kant précise pourtant la nature de cette analogie entre la métaphysique et ces sciences sûres que sont mathématiques et physique. Et l'unité des deux « révolutions » est la raison pure, et son initiative ». Marty F., *naissance de la métaphysique chez Kant, une étude sur la notion kantienne d'analogie*, *op.cit.*, p. 518-519.

[2] Kant, *Critique de la raison pure*, [B XVI-XVII].

L'objet, tel que nous la connaissons, est en partie notre œuvre et par suite nous pouvons connaître *a priori* de tout objet les caractères qu'il tiendra de notre propre faculté de connaître : « Nous ne connaissions *a priori* des choses que ce que nous y mettons nous-mêmes »[1].

On peut tirer deux conséquences de ce « renversement copernicien » :

I – Le changement de la seule réponse aux trois grands problèmes qui ont préoccupé la raison[2] : 1° – Comment la mathématique pure est-elle possible ? 2° – Comment une science pure de la nature est-elle possible ? 3° – Comment une métaphysique est-elle possible ? Mais la révolution copernicienne va conduire à rassembler ces trois questions en une question capitale[3]. 4° – Comment des jugements synthétiques *a priori* sont-ils possibles ?

II – La deuxième conséquence de cette révolution porte sur les objets[4] : Les objets ont perdu leur substance et leur originalité, et ne peuvent plus être rangés en une hiérarchie rigide, comme c'était le cas auparavant. En outre, lois physiques et lois morales se trouvent désormais privées de toute objectivité ; elles ne dépendent que du « sujet transcendantal ».

2. Origine de la notion de l'a priori

Les racines de la notion de l'*a priori* plongent dans la philosophie grecque dès sa naissance. Platon dans le sixième livre de la *République* distingue deux types de savoir, l'‘‘opinion'' et la ‘‘science''[5].

La réflexion du philosophe touche au monde de la raison, l'*a priori*, dont la validité ne saurait dépendre de l'expérience

---

[1] *Ibid.*, [B XVIII].
[2] *Ibid.*, [B 21].
[3] Kerszberg P., *Kant et la nature*, Paris, Les belles lettres, 1999, p. 37.
[4] Brisson L., *Puissance et limites de la raison, le problème des valeurs*, Paris, Les belles lettres, 1995, p.75.
[5] Platon, *République*, livre VI.

sensible, et son contraire l'*a posteriori*. L'opposition de l'*a priori* et de l'*a posteriori*, qui commande celles de la science et de l'opinion, de la vérité et de l'apparence, du fondamental et du dérivé, de l'éternel et du temporel, en bref cette opposition est résumée par le terme et l'idée de métaphysique. Nous ne voulons pas réécrire l'histoire de la philosophie par l'intermédiaire de l'*a priori*. Tout dictionnaire de la philosophie mentionne qu'*a priori* vient du grec, ce qui est ''antérieur'' ou ''premier'', par suite ce qui est ''fondamental''. Il désigne un rapport de plus grande antériorité en regard de ce qui est postérieur, c'est-à-dire *a posteriori*. L'origine platonicienne de cette conception est bien établie[1], mais c'est le disciple le plus analytique de Platon, Aristote, qui l'a transmise à la postérité philosophique. On trouve donc chez Aristote l'idée que la connaissance *a priori* part des causes pour expliquer les effets et que la connaissance *a posteriori* doit remonter des effets aux causes.

Le latin scolastique identifie l'*a priori* et l'*a posteriori* à deux types d'arguments philosophiques[2]. *A priori rationa* désigne le type de raisonnement qui va du principe à la conséquence, à ce qui en découle, ou qui va de la cause à l'effet. *A posteriori ratione* remonte de la conséquence au principe. Chez Thomas d'Aquin, par exemple, l'*a priori* et l'*a posteriori* désigneront les deux voies de la démonstration des causes. La preuve *a priori* procède des causes à ses effets, tandis que la démarche *a posteriori* retourne des effets à leurs causes[3].

---

[1] Krämer H.J., *Der Ursprug der Geistesmetaphysik*, Amsterdam, B.R.Grüner, 1967, 106-107. Cité par Grondin J., *Kant et le problème de la philosophie : L'a priori*, Vrin, 1989, p. 22.

[2] L'article « *a priori* » in *Encyclopédie philosophique universelle*, *Les notions philosophiques I*, PUF, 1990, p. 140.

[3] « Duplex est demonstratio. Una quae est per causam, et dicitur propter quid, et haec est per priora simpliciter. Alia per effectum, et dicitur demonstratio quia : et haec es per ea quae sunt priora quoad nos, cum enim effectus aliquis nobis est manifestior quam sua causa, per effectum procedimus ad cognitionem causae ». (Thomas d'Aquin, *Summa theol.*, I,

Descartes, dans le *Traité de la lumière*, écrit : « ceux qui sauront suffisamment examiner les conséquences de ces vérités et de nos règles, pourront connoistre les effets par leurs causes ; et, pour m'expliquer en les termes de l'école, pourront avoir des démonstrations *a priori*, de tout ce qui peut être produit en ce nouveau monde »[1]. La démonstration *a priori*, dans les Méditations, « la plus noble façon de démontrer qui puisse être »[2], devient chez Descartes une preuve purement conceptuelle. La preuve *a priori* prend ainsi la forme d'une démarche strictement rationnelle, relevant de ce que l'on pourra appeler la ''raison pure'', ce qui peut être connu indépendamment de l'expérience ou par la seule raison.

Pour Leibniz, *a priori* ne désigne pas une antériorité chronologique, mais une antériorité logique qui peut se réaliser comme le *Discours de métaphysique* le dit : « Connaître *a priori* et non par expérience »[3]. Et dans ses *Méditations sur la connaissance, la vérité et les idées*, il écrit : « Nous connaissons la possibilité d'une chose ou *a priori* ou *a posteriori* : *a priori*, quand nous résolvons la notion en ses éléments ou en d'autres notions dont nous connaissons la possibilité et que nous n'y trouvons aucune incompatibilité ; cela a lieu, par exemple, quand nous comparons de quelle façon la chose peut être produite, et c'est pour cette raison que les définitions causales sont particulièrement utiles ». Il s'agit d'une idée de la raison et de l'analyse. « Nous connaissons, selon Leibniz dans les *Méditations sur la connaissance, la vérité et les idées*, la possibilité d'une chose *a posteriori* quand nous savons par

---

q. 2, art. 2, Respondeo). Cité par Grondin J., *Kant et le problème de la philosophie : L'a priori*, Paris, Vrin, 1989, p. 23.

[1] Descartes, *Œuvres*, Paris, Vrin, T. XI, p. 47.

[2] *Ibid.*, T. I, p. 490.

[3] Leibniz, *Discours de métaphysique et correspondance avec Arnauld*, introduction, texte et commentaire par Georges le Roy, Paris, Vrin, 1988, § 8.

expérience que la chose existe en acte ; car ce qui existe ou a existé en acte est certainement possible ». Leibniz, dans la *Monadologie*, distingue deux types de vérités : des ''vérités de fait'' et des ''vérité de raison'' : « Les vérités de raisonnement sont nécessaires et leur opposé est impossible, et celles de fait sont contingentes et leur opposé est possible. Quand une vérité est nécessaire, on en peut trouver la raison par l'analyse, la résolvant en idées et en vérités plus simples, jusqu'à ce qu'on vienne aux primitives »[1]. Il va montrer, dans ses *Nouveaux essais sur l'entendement humain*[2], la première véritable confrontation du rationalisme avec l'empirisme, de l'*a priori* avec ses adversaires. « La raison est la vérité connue dont la liaison avec une autre moins connue fait donner notre assentiment à la dernière. Mais particulièrement et par excellence on l'appelle raison, si c'est la cause non seulement de notre jugement, mais encore de la vérité même, ce qu'on appelle aussi raison *a priori* »[3].

3. Matière et forme

Il faut maintenant préciser la notion même d'*a priori* et pour cela distinguer, dans notre connaissance des objets, deux sortes d'éléments : les uns dépendent de l'objet lui-même et constituent la ''matière'' de la connaissance ; les autres dépendent du sujet et constituent la ''forme'' de la connaissance[4]. Connaître, c'est mettre en forme une matière donnée, et il est clair que la matière est *a posteriori* et la forme *a priori*. La matière de la connaissance, en effet, sera variable d'un objet à l'autre, puisqu'elle dépend de l'objet ; mais la

---

[1] Leibniz, *Monadologie*, Gallimard, 1995, § 33.

[2] Ce livre, l'œuvre maîtresse de Leibniz, terminé vers 1704, ne parut qu'en 1765, donc tout juste avant l'ouverture de la réflexion critique de Kant sur l'*a priori* (1770-1790).

[3] Leibniz, *Nouveaux essais sur l'entendement humain*, Paris, GF-Flammarion 1990, VI, XVII, 1.

[4] Kant, *Critique de la raison pure*, [A 20/ B 34].

forme, puisqu'elle est imposée à l'objet par le sujet, se retrouvera la même dans tous les objets et pour tous les sujets.

La première idée de philosophie transcendantale exige deux notions primitives : ''matière'' et ''forme'' qui sont liées à la révolution ontologique qui sépare le *real* et le *logich*, entre le ''réalisme'' et le ''phénoménisme''[1].

En 1756, Kant a publié *La monadologie physique*[2]. La pensée, dans cette œuvre, recherche une harmonie entre l'exigence physique d'une connaissance quantitative des phénomènes externes, et l'exigence métaphysique d'une connaissance qualitative des essences. Cette réflexion aboutit à une question de fond, qui est l'opposition entre le phénoménisme de la physique nouvelle et le réalisme propre à la connaissance métaphysique. L'opposition entre le réalisme et le phénoménisme semble revêtir en effet dans la pensée de Kant le sens d'une opposition entre la matière et la forme de la connaissance.

Le cadre spatio-temporel de la physique newtonienne vaut dans la *Monadologie physique* comme la forme mathématique universelle de la connaissance du réel[3], alors qu'une métaphysique leibnizienne de la substance et de sa force primitive est posée, en droit, comme l'« origine et la cause » des lois phénoménales, comme l'origine de la matière qui remplit ce cadre formel[4]. L'harmonie qu'institue la *monadologie physique* entre physique et métaphysique est plus consistante que dans les écrits précédents. Elle combine assez heureusement le phénoménisme physique avec un réalisme mathématique, et il faut essayer d'y reconnaître une recherche

---

[1] Kant, *Quelques opuscules précritiques*, *op. cit.*, p. 12.

[2] Kant, *La monadologie physique,* traduction française par S. Zac *in* : Kant, *Quelques opuscules précritiques*, Paris, Vrin, 1970, [AK. 473-488].

[3]*Ibid*, proposition IV, scolie, [AK 1 : 479].

[4] *Ibid.*, proposition V, [AK 1 : 480].

de l'harmonie, dans une même cosmologie, entre la forme (mathématique) et la matière (métaphysique) de l'être[1].

Kant comprend très tôt que la physique mathématique de Newton est une physique de la forme des phénomènes. De même en 1762, dans la *Deutlichkeit*[2] et dans les cours de la *Metaphysik Herder*, la critique de la notion wolffienne de "principe" repose sur la distinction entre principes formels (ou purement logiques), et principes matériels. Mais les notions transcendantales de "matière" et de "forme" ont un sens différent, elles déterminent la nature même de la philosophie du sujet transcendantal : tout ce que ce sujet reçoit de l'extérieur, tout ce qui lui est donné de l'extérieur, s'appelle matière, tout ce qu'il possède originairement en lui-même, et qui est la condition de possibilité selon laquelle le donné lui est accessible, s'appelle forme, par opposition à la matière du donné. Par essence, la philosophie du rationnel est comme une forme. Toutes les grandes dualités du système critique renvoient aux deux notions transcendantales primitives de "matière" et de "forme"[3]. L'idée qu'il existe une forme de l'expérience est le premier pas de la philosophie transcendantale de Kant.

4. Kant et la notion de l'*a priori*

Le sens du terme *a priori* est profondément transformé dans la philosophie de Kant. Il y occupe une fonction centrale et il est une pièce maîtresse du kantisme qui donne à la pensée kantienne un aspect toujours très technique. De ce fait, sans cette technique conceptuelle, on ne peut avancer d'un pas dans la *Critique*. Un terme tel que *a priori*, comme "transcendantal", ne peut avoir de sens que dans une

---

[1] Selon un schéma très général encore, la forme mathématique de l'espace newtonien est « remplie » par la matière dynamique des monades physiques.

[2] Kant, *Recherche sur l'évidence des principes de la théologie naturelle et de la morale*, Pléiade, 1, 205-249 ; traduction M. Fichant, Paris, Vrin, 1966.

[3] Autrement dit : *a priori* / *a posteriori*, pur / empirique, donné / construit

interprétation définie du système critique, et reçoit un sens d'autant plus précis que cette interprétation est elle-même plus précise.

L'idée de philosophie transcendantale est exposée, dans la première page de l'introduction à la *critique*, grâce à une définition de la notion d'*a priori* : « Les connaissances universelles qui possèdent aussi le caractère de la nécessité interne, doivent être claires et certaines par elles-mêmes, indépendamment de l'expérience ; on les appelle pour cela connaissance *a priori*, puisque, au contraire, ce qui provient simplement de l'expérience n'est connue, comme on dit, qu'*a posteriori* ou empiriquement »[1]. En définissant la philosophie transcendantale, la notion d'*a priori* donne un statut ontologique précis à la doctrine des principes que recherchaient les philosophies post-wolffiennes[2]. La connaissance ne repose pas sur des vérités premières qui se manifestent comme dogmes ou axiomes, mais sur des « principes *a priori* ». La *Critique* est la découverte de tels principes *a priori*, « qui ne méritent pas ce nom seulement parce qu'ils contiennent les fondements d'autres jugements, mais aussi parce qu'ils ne sont pas eux-mêmes fondés en des connaissances plus élevées et plus universelles »[3]. Dans la notion d'*a priori*, la philosophie transcendantale et critique découvre le fondement ultime de la connaissance, et se donne les moyens d'assurer ontologiquement une doctrine des principes.

---

1 Kant, *Critique de la raison pure*, [A 2].

2 Une notion transcendantale d'*a priori* a été déjà à l'œuvre dans les recherches de Crusius, Lambert et Tetens. Kant dans la deuxième édition de la *Critique de la raison pure*, en 1787, mettra l'accent plus explicitement sur la connaissance *a priori* en tant que telle, et la définira d'une manière plus affirmée : « Nécessité et stricte universalité sont les deux critères certains d'une connaissance *a priori*, et sont inséparables l'un de l'autre ». (Kant, *Critique de la raison pure*, [B 4]).

3 *Ibid.*, [A 148/ B 188].

Il existe, chez Kant, des jugements *a priori*, c'est-à-dire des jugements qui procèdent de nos seules facultés de connaissance. Ces jugements sont soit analytiques soit synthétiques. Dans un jugement analytique, le prédicat d'un sujet ne fait qu'expliciter ce qui est déjà pensé dans sa notion. Dans un jugement synthétique, un sujet et un prédicat sont combinés alors même que le prédicat tombe en dehors de l'extension du sujet ; le jugement synthétique ajoute au concept d'une chose ce qui n'y est pas contenu. Avant Kant, particulièrement chez Leibniz, le jugement analytique était considéré *a priori* et le jugement synthétique ne pouvait être qu'*a posteriori*, puisque le lien entre le sujet et le prédicat devait être fourni par l'expérience. Kant affirme qu'il existe des jugements à la fois synthétiques et *a priori*. Un exemple est fourni par la mathématique : quand je dessine une figure géométrique sur le tableau, le concept de cette figure est construit dans l'intuition pure, mais le concept « sort » pour ainsi dire de lui-même (c'est ce que Kant désigne par *a priori*) sans que pour le dessiner je doive m'appuyer sur des données sensibles extérieures à lui. Kant remarque qu'aucune analyse, dans les mathématiques elles-mêmes, ne nous permet de déterminer les propriétés d'une droite ou d'un cercle : les mathématiques ne sont pas analytiques, *a priori* au sens leibnizien strict, quoiqu'elles ne soient pas du tout empiriques (*a posteriori*) : leurs jugements sont ''synthétiques *a priori*'', et cette expression constitue d'abord une contradiction dans les termes. Tel est donc le problème posé dans l'introduction de la *Critique de la raison pure* dont la solution impose la définition d'une nouvelle idée de la raison.

L'*a priori* est tout élément qui appartient à la structure de notre appareil de connaissance et qui est radicalement indépendant dans son origine de la seule expérience que Kant reconnaisse : l'expérience sensible. Ce qui est *a priori* est donc pur.

L'*a priori* fonctionne comme condition de possibilité de la connaissance : les formes de l'intuition (espace et temps) sont *a priori* constitutives de notre sensibilité, les catégories sont les formes *a priori* qui sont les actes mêmes de l'entendement. Sans ces formes, nous ne pourrions connaître l'expérience. L'*a priori* est donc la condition de possibilité de la connaissance de l'*a posteriori.* Lorsque l'*a priori* est condition de possibilité de l'expérience et de sa connaissance, il a une fonction transcendantale ; mais si tout ce qui est transcendantal est nécessairement *a priori*, tout ce qui est *a priori* n'est pas transcendantal : il en est ainsi, par exemple, des concepts et jugements de la logique formelle qui ne portent pas sur un contenu de connaissance[1].

Le terme d'*a priori* est synonyme de nécessaire et d'universel. La nécessité ne peut en aucun cas être extraite de l'expérience puisqu'elle relève d'une loi de l'entendement. Comme c'est une loi, elle est universelle. L'*a posteriori* est donc contingent. Ainsi, dans ce cas privilégié qu'est la catégorie de ''causalité'', Kant soutient que la nécessité n'est pas dans les choses mais qu'elle est une fonction de l'entendement qui ordonne les choses[2].

« Nous avons déjà deux concepts d'espèce toute différente, qui ont cependant en commun de se rapporter tous deux entièrement *a priori* à des objets, savoir les concepts d'espace et de temps, comme formes de la sensibilité, et les catégories, comme concepts de l'entendement »[3].

5. L'espace, le temps et la causalité

L'*a priori* se définit bien par rapport à l'expérience, mais comme ce qui lui est antérieur, et ceci détermine déjà sa nature transcendantale. L'expérience, c'est la relation que nous avons avec les phénomènes par l'intermédiaire de la sensibilité. Sa source est dans l'intuition empirique ; car « de toutes les intuitions il n'y en a aucune qui soit donnée *a priori*, si ce n'est la simple forme des phénomènes, espace et temps, et un concept

---

[1] *Ibid.*, Introduction.
[2] *Ibid.*, Seconde analogie de l'expérience.
[3] *Ibid.*, [B 118].

de l'espace et du temps, à titre de quanta, peut être présenté *a priori* dans l'intuition, c'est-à-dire construit, ou bien conjointement avec leur qualité (leur figure), ou bien simplement dans leur quantité (la simple synthèse du divers homogène) par le nombre. Mais la matière des phénomènes, par quoi des choses nous sont données dans l'espace et dans le temps, ne peut être représentée que dans la perception, par conséquent *a posteriori* »[1]. L'expérience, c'est donc toujours l'aveu d'un donné que la sensibilité doit recevoir et que la raison ne peut justifier. Ce donné, c'est le matériel que Kant opposera au formel – forme ou règle – en assignant le formel à l'*a priori*.

Kant remarque : « J'appelle ''pures'' (dans le sens transcendantal) toutes les représentations où l'on ne trouve rien qui appartienne à la sensation »[2]. La mathématique et la science de la nature sont des exemples de connaissances qui sont devenues pures, c'est-à-dire non contaminées par la sensation (à l'époque d'un Thalès en ce qui concerne la mathématique, au moment de la révolution scientifique inaugurée par un Galilée en ce qui concerne la science de la nature). Et cependant, ces connaissances ne sont pas non plus purement intellectuelles ; la connaissance métaphysique de l'être peut seule être purement intellectuelle. Si la raison veut allez au bout d'elle-même, il faut poser l'existence d'une faculté qui n'est pas encore pure, mais qui doit le devenir grâce à la critique. En d'autres termes, l'existence des sciences exactes depuis le XIIe siècle nous indique qu'il doit exister une faculté capable de produire une connaissance à la fois pure et non intellectuelle. C'est ainsi que Kant découvre l'existence d'une seconde faculté de connaissance, à côté de la faculté intellectuelle et opposée à elle, qui relève du « pur sentir » : telle est la sensibilité pure *a priori*, qui n'existe que selon des formes. Ces formes sont

[1] *Ibid.*, [B 784/ A720].
[2] *Ibid.*, [A 20 /B 34]

l'espace et le temps ; elle s'oppose à la matière, c'est-à-dire à ce qui, dans le phénomène qui apparaît, correspond à la sensation que nous en avons. L'espace et le temps comme purs *a priori* attestent, paradoxalement, de notre capacité à sentir les objets sans l'intermédiaire de la sensation. La première partie de la *Critique*, l'Esthétique Transcendantale, examine cette faculté pour son propre compte : bien que pures, ces formes ne relèvent d'aucune logique.

La découverte de Kant dans l'Esthétique Transcendantale, c'est que, contrairement à tout autre objet, le mode d'intuitionner l'espace et le temps nous renseigne aussi sur leur être : aucun concept d'espace ou de temps ne rendra jamais compte de leur universalité : « Dans l'esthétique transcendantale, nous isolerons d'abord la sensibilité, en séparant tout ce que l'entendement y pense par ses concepts, de telle sorte qu'il ne reste rien que l'intuition empirique. En second lieu, nous en écarterons encore tout ce qui appartient à la sensation, de sorte qu'il ne reste plus que l'intuition pure et la simple forme des phénomènes, seule chose que la sensibilité puisse fournir *a priori*. Il résultera de cette recherche qu'il y a deux formes pures de l'intuition sensible, comme principes de la connaissance *a priori*, savoir l'espace et le temps. Nous allons les examiner »[1].

5.1. Espace

Qu'est-ce que l'espace et le temps ? Faut-il les considérer, avec Newton, comme des êtres réels, des réalités absolues qui existeraient indépendamment de tout contenu ? Faut-il plutôt dire avec Leibniz que l'espace et le temps sont purement relatifs, l'espace étant l'ordre des coexistences et le temps l'ordre des successions ? Kant rejette l'une et l'autre thèse en montrant que l'espace et le temps dépendent uniquement de la

[1] *Ibid.*, [A 22 /B 36].

forme de notre intuition, de la constitution subjective de notre esprit. Voici la démonstration de Kant :

1°- L'espace ne peut être un concept formé à partir de l'expérience extérieure puisque toute expérience extérieure, au contraire, suppose l'espace : « L'espace n'est pas un concept empirique, qui ait été tiré d'expériences externes. En effet, pour que certaines sensations puissent être rapportées à quelque chose hors de moi (c'est-à-dire à quelque chose placé dans un autre lieu de l'espace que celui où je me trouve), et, de même, pour que je puisse me représenter les choses comme en dehors et à côté les unes des autres, et par conséquent comme n'étant pas seulement différentes, mais placées en des lieux différents, il faut que la représentation de l'espace soit déjà posée comme fondement »[1].

2°- L'espace est *a priori*, puisque sa représentation est la condition même de la possibilité des phénomènes. On peut en effet concevoir un espace dans lequel il n'y aurait pas d'objet, mais on ne peut percevoir un objet hors de l'espace. Les rapports d'espace sont constitutifs de l'objet : « L'espace est une représentation nécessaire *a priori*, qui sert de fondement à toutes les intuitions externes. On ne peut jamais se représenter qu'il n'y ait point d'espace, quoiqu'on puisse bien penser qu'il ne s'y trouve pas d'objets. Il est donc considéré comme la condition de possibilité des phénomènes, et non pas comme une détermination qui en dépende, et il est une représentation *a priori*, servant nécessairement de fondement aux phénomènes externes »[2].

3°- L'espace n'est pas conceptuel. Au point de vue de l'extension, un concept doit s'appliquer à une diversité d'objets ; l'espace, lui, ne peut s'appliquer qu'à lui-même ; il est un. Tous nos concepts d'espace supposent une intuition *a priori* dont ils ne sont que des limitations : « L'espace n'est pas

---

[1] *Ibid.*, [A 23 /B 38].
[2] *Ibid.*, [A 24].

un concept discursif ou, comme on dit, universel, de rapports des choses en général, mais une intuition pure. En effet, d'abord on ne peut se représenter qu'un unique espace ; et, quand on parle de plusieurs espaces, on n'entend par là que les parties d'un seul et même unique espace. Ces parties ne sauraient non plus être antérieures à cet espace unique qui comprend tout, comme si elles en étaient les éléments (et qu'à partir d'elles puisse s'en faire l'assemblage) ; elles ne peuvent, au contraire, être pensées qu'en lui. Il est essentiellement un : le divers en lui, et par conséquent le concept universel d'espaces en général, ne reposent que sur des limitations »[1].

4°- L'espace ne peut être qu'une intuition parce qu'il contient en soi une multitude infinie de représentations, ce que ne peut faire un concept, qui est seulement la représentation du caractère commun d'une multitude infinie de représentations possibles. « L'espace est représenté comme une grandeur infinie donnée.[...] La représentation originaire de l'espace est donc une intuition *a priori*, et non pas un concept »[2].

Nous voyons donc que l'espace est *a priori* et qu'il n'est pas un concept. Cela signifie qu'il est bien une intuition pure, *a priori*. C'est d'ailleurs sur cette intuition pure de l'espace que se fonde la géométrie, et c'est par-là que s'explique la certitude apodictique de ses principes. Les définitions et les postulats, en effet, énoncent les propriétés de l'espace, et ces énonciations n'ont une valeur universelle et nécessaire, c'est-à-dire apodictique, que parce que l'espace est intuition *a priori*. Si l'espace était un concept, les propositions géométriques ne pourraient être qu'analytiques ; s'il était une intuition empirique, elles seraient *a posteriori*. Or elles sont à la fois synthétiques et *a priori*, et on ne peut les comprendre qu'en faisant de l'espace une intuition pure : « La géométrie est une science qui détermine synthétiquement, et pourtant *a priori*, les

[1] *Ibid.*, [A 23-24 /B 39].
[2] *Ibid.*, [A 25/B 40].

propriétés de l'espace. Que doit donc être la représentation de l'espace pour qu'une telle connaissance en soit possible ? Il faut qu'il soit originairement une intuition ; car d'un simple concept, on ne peut tirer des propositions qui dépassent le concept, comme cela arrive pourtant en géométrie (Introduction, V). Mais cette intuition doit se trouver en nous *a priori*, c'est-à-dire antérieurement à toute perception d'un objet, et, par conséquent, être intuition pure et non empirique. En effet, les propositions géométriques, par exemple : L'espace n'est que trois dimensions, sont toutes apodictiques, c'est-à-dire qu'elles impliquent la conscience de leur nécessité ; elles ne peuvent donc être des jugements empiriques ou d'expérience, ni en être conclues (introduction, II) »[1].

Comme on l'a remarqué, pour Kant, l'espace est une intuition pure, la forme *a priori* de la sensibilité, le cadre à l'intérieur duquel sont données et liées les sensations. Mais il en résulte deux conséquences importantes. La première, c'est que l'espace n'existe dans les choses qu'autant qu'on les perçoit : « L'espace ne représente pas une propriété des choses en soi, ni ces choses dans leur rapport entre elles ; en d'autres termes, il ne représente pas une détermination des choses qui serait inhérente aux objets mêmes et qui demeurerait, si on faisait abstraction de toutes les conditions subjectives de l'intuition »[2]. La seconde, c'est qu'on ne peut parler d'espace et d'êtres étendus qu'au point de vue de l'homme, mais qu'en revanche, pour l'homme, il n'y a d'objets perçus que dans l'espace. Nous ne pouvons pas savoir si pour d'autres êtres pensants les choses présenteraient les propriétés spatiales qu'elles présentent pour nous ; mais nous savons que pour nous les rapports spatiaux sont constitutifs des choses : « Cette proposition : toutes les choses sont juxtaposées dans l'espace, vaut avec cette limitation, si ces choses sont prises comme objets de notre

1 *Ibid.*, [A 25 /B 40-41].
2 *Ibid.*, [A 26 /B 42].

intuition sensible. Si je joins ici la condition au concept, et que je dise : Toutes les choses, en tant que phénomènes externes, sont juxtaposées dans l'espace, cette règle vaut universellement et sans limitation »[1].

Ensuite, Kant résume à la fois la réalité empirique de l'espace et son idéalité transcendantale : l'espace n'est pas la condition de la possibilité des choses en soi, mais seulement la condition de leur manifestation à notre esprit : « Nos explications enseignent donc la réalité (c'est-à-dire la valeur objective) de l'espace par rapport à tout ce qui peut se présenter à nous extérieurement comme objet, mais en même temps l'idéalité de l'espace, par rapport aux choses, quand elles sont considérées par la raison en elles-mêmes, c'est-à-dire sans tenir compte de la constitution de notre sensibilité. Nous affirmons donc la réalité empirique de l'espace (par rapport à toute expérience externe possible), bien que nous en affirmions l'idéalité transcendantale, c'est-à-dire qu'il n'est rien, dès que nous laissons de côté la condition de la possibilité de toute expérience, et que nous l'acceptons comme quelque chose qui sert de fondement aux choses en soi »[2].

5.2. Temps

En ce qui concerne le temps, nous pouvons faire une analyse semblable à celle qui vient d'être faite pour l'espace.

1°- « Le temps n'est pas un concept empirique, qui ait été tiré de quelque expérience »[3].

2°- « Le temps est une représentation nécessaire qui sert de fondement à toutes les intuitions »[4]. Les phénomènes peuvent disparaître, mais non le temps lui-même. Tout passe dans le

---

[1] *Ibid.*, [A 27 /B 43].
[2] *Ibid.*, [A 28 /B 44].
[3] *Ibid.*, [B 46].
[4] *Ibid.*, [A 31].

temps, mais le temps ne passe pas. Le temps est donc donné *a priori*.

3°- « Sur cette nécessité *a priori* se fonde aussi la possibilité de principes apodictiques concernant les rapports du temps, ou d'axiomes du temps en général »[1]. Quand on dit que des temps différents ne sont pas simultanés, mais successifs, ce principe a une valeur apodictique, c'est-à-dire que nous avons conscience de sa nécessité et de son universalité ; il ne saurait donc être tiré de l'expérience. C'est sur lui, au contraire, que se fonde l'expérience.

4°- « Le temps n'est pas un concept discursif, ou, comme on dit, universel, mais une forme pure de l'intuition sensible »[2]. On ne peut concevoir des temps différents que comme parties d'un même temps dont la représentation, étant une, doit être intuitive.

5°- « L'infinité du temps ne signifie rien autre chose, sinon que toute grandeur déterminée du temps n'est possible que circonscrite par un temps unique qui lui sert de fondement »[3]. Puisque les différents concepts de temps ne sont que des limitations du temps en général, il faut donc que la représentation originaire de celui-ci soit infinie, c'est-à-dire intuitive.

Le temps est une intuition pure, comme l'espace, et en tant que tel il est la condition de toute étude du devenir ; la Mécanique et la Physique reposent sur cette intuition *a priori* comme la Géométrie repose sur l'intuition *a priori* de l'espace. On ne comprendrait pas, autrement, l'existence de principes synthétiques *a priori* dans ces sciences. C'est ainsi que les concepts de mouvement et de changement ne sont possibles que par et dans la représentation du temps ; mais, si cette représentation n'était pas une intuition *a priori*, aucun concept

---

[1] *Ibid.*, [B 47].
[2] *Ibid.*, [B 47].
[3] *Ibid.*, [A 32].

ne pourrait nous faire comprendre la possibilité du changement. En effet, le changement implique la liaison dans un même objet de prédicats opposés, contradictoires[1], et l'on ne peut résoudre cette apparente contradiction qu'en saisissant les prédicats successivement, c'est-à-dire dans le temps. Cette conception du temps entraîne les mêmes conséquences que la conception de l'espace. Le temps n'existe pas dans les choses ni à la manière d'une chose : « Le temps n'est pas quelque chose qui subsisterait pour soi-même ou qui serait inhérent aux choses comme une détermination objective et qui, par conséquent, demeurait, quand on fait abstraction. [...] Le temps n'est autre chose que la forme du sens interne, c'est-à-dire de l'intuition de nous-mêmes et de notre état intérieur. En effet, il ne peut être une détermination des phénomènes externes : il n'appartient ni à la figure, ni à la position, etc. ; en revanche, il détermine le rapport des représentations dans notre état intérieur »[2].

Mais s'il n'existe que par et pour le sujet, il n'en est pas moins le cadre à l'intérieur duquel nous saisissons toutes choses ; et par là s'affirme une sorte de primauté du temps, car les objets nous apparaissent dans l'espace, mais toute prise de conscience de ces objets se situe dans le temps. « Le temps est la condition formelle *a priori* de tous les phénomènes en général. L'espace, comme forme pure de toute intuition externe est limité comme condition *a priori* simplement aux phénomènes externes. Au contraire, comme toutes les représentations, qu'elles aient ou non pour objets des choses extérieures, appartiennent toujours, en elles-mêmes, en tant que déterminations de l'esprit, à l'état interne, et que cet état interne, soumis à la condition formelle de l'intuition interne, appartient ainsi au temps, le temps est une condition *a priori* de tout phénomène en général, et, à dire vrai, la condition

[1] Par exemple, dit Kant, l'existence d'une chose dans un lieu et sa non-existence dans ce même lieu. (Kant, *Critique de la raison pure*, [B 48].)

[2] *Ibid.*, [A 33/B 50].

immédiate des phénomènes internes (de notre âme), et, par là même, la condition médiate de tous les phénomènes externes »[1]. Il en résulte que, du temps comme de l'espace, nous devons affirmer la réalité empirique et l'idéalité transcendantale. Le temps n'est rien en soi, mais nous ne pouvons percevoir un phénomène que dans le temps. La seule réalité du temps, c'est d'être une condition subjective de la perception des phénomènes. L'espace et le temps sont, en effet, les formes à l'intérieur desquelles s'ordonne le divers fourni par la sensation. L'espace est la forme du « sens extérieur », propriété qu'a notre esprit de nous représenter des objets comme étant hors de nous, et le temps est la forme du « sens intime », propriété qu'a l'esprit de se percevoir lui-même intuitivement ou plus exactement de percevoir ses états intérieurs. C'est dire que tout objet hors de nous se situe dans l'espace et que toutes les déterminations de nous-mêmes se situent dans le temps. C'est par des rapports spatiaux que l'on se représente les objets extérieurs ; c'est par les rapports temporels que l'on se représente les états internes. Et il faut ajouter que « le temps ne peut pas être intuitionné extérieurement pas plus que l'espace ne peut l'être comme quelque chose en nous »[2].

5.3. Causalité

5.3.1. La causalité comme une des douze catégories de l'entendement

Les formes *a priori* de l'entendement ou concepts purs sont les catégories, façons propres à l'esprit humain de concevoir les choses, c'est-à-dire d'ordonner le divers donné dans l'intuition. L'entendement classe sous des concepts les objets dont la totalité des ensembles constitue un monde simple. Ce sont des ensembles parfaitement définis où les objets qui en sont les éléments se trouvent liés par des rapports précis. Par exemple,

[1] *Ibid.*, [A 34].
[2] *Ibid.*, [A 23].

les concepts de substance et de causalité sont des catégories. Cela signifie que je ne puis concevoir les qualités sensibles que comme inhérentes à des substances, et la succession des phénomènes que comme une succession causale. Mais ces catégories ne sont que des formes, c'est-à-dire des manières de lier. Par elles-mêmes, elles ne nous font rien connaître et les intuitions sensibles seules peuvent leur donner un contenu, une diversité à lier. Or l'esprit humain est ainsi fait qu'il ne peut s'empêcher de faire de ces concepts purs un usage suprasensible et de chercher à saisir par leur moyen quelque réalité transcendante.

La deuxième partie de *Critique de la raison pure*, ou logique transcendantale, se divise en deux[1] : la première subdivision, ou analytique, traite des formes *a priori* de l'entendement et répond à la question : Comment des jugements synthétiques *a priori* sont-ils possibles en physique ; la deuxième subdivision, ou Dialectique, traite des idées de la raison et répond, par la négative, à la question : des jugements synthétiques *a priori* sont-ils possibles en métaphysique ?[2] Analytique transcendantale sera donc la première partie de la Logique transcendantale, et elle se subdivisera elle-même en analytique des concepts et analytique des principes.

L'analytique des concepts ne consiste nullement en une analyse des concepts eux-mêmes mais plutôt en une analyse de la faculté de former des concepts, c'est-à-dire de l'entendement. L'entendement est une faculté de connaître non sensible, c'est-à-dire une faculté de connaître par concepts. Par exemple, mon concept de corps est un ensemble de représentations qui peuvent servir à déterminer un objet, donc être le prédicat d'un jugement, comme lorsque je dis : tout métal est un corps. Kant

---

[1] La première partie, intitulée Esthétique transcendantale, traite des formes *a priori* de la sensibilité et répond à la question : Comment les jugements synthétiques *a priori* sont-ils possible en mathématiques ?

[2] *Ibid.*, [A 63-64].

dit : « l'entendement en général peut être représenté comme un pouvoir juger »[1]. On peut dire que penser, c'est juger, c'est-à-dire établir des relations entre des représentations, les ramener à l'unité[2].

En effet, l'unité que l'analyse découvre dans les jugements suppose une unité synthétique introduite par l'entendement dans les intuitions. S'il y a des jugements singuliers, c'est qu'un certain concept *a priori* de l'entendement a déterminé cette forme logique. Il est impossible de penser la diversité dans l'espace et dans le temps sans que l'entendement opère, à l'intérieur de cette diversité, certaines liaisons qui constituent l'objet ; penser, c'est établir, dans la diversité donnée par l'intuition, des relations qui font de cette diversité une unité.

Les catégories[3] selon lesquelles s'établissent ces relations correspondent donc naturellement aux formes logiques du jugement et l'on obtient le tableau suivant :

1°- quantité : [unité, pluralité, totalité] ;

2°- qualité : [réalité, négation, limitation] ;

3°- relation : [inhérence/substance (*substantia/accidens*)], Causalité et dépendances (cause et effet), communauté (action réciproque entre l'agent et le patient)] ;

---

[1] *Ibid.*, [B 94].

[2] « La même fonction qui donne l'unité aux représentations diverses dans un jugement, donne aussi à la simple synthèse de représentations diverses dans une intuition l'unité, qui, exprimée généralement, s'appelle le concept pur de l'entendement. Le même entendement donc, et bien par les mêmes actes par lesquels il établissait dans les concepts, au moyen de l'unité analytique, la forme logique d'un jugement, apporte aussi dans ses représentations, au moyen de l'unité synthétique du divers dans l'intuition en général, un contenu transcendantal, en raison de quoi ces représentations s'appellent purs concepts de l'entendement, qui se rapportent *a* priori aux objets ». (Kant, *Critique de la raison pure*, [A 79])

[3] Ces rapports précis, selon Luc Brisson, ont été appelés « les catégories », par Kant, à la suite de Aristote. Brisson L., *Puissance et limites de la raison*, Paris, Les Belles Lettres, 1995, p. 86.

4°- modalité : [possibilité/impossibilité, existence/non-existence, nécessité/contingence].

« Telle est donc la liste de tous les concepts originellement purs de la synthèse, que l'entendement contient *a priori* en lui, et grâce auxquels seulement il est un entendement pur ; par leur moyen seulement en effet, il peut comprendre quelque chose dans le divers de l'intuition, c'est-à-dire penser un objet de cette intuition »[1].

Il est évident que les catégories sont les conditions subjectives de la pensée. En effet, nous ne saurions penser, c'est-à-dire juger, qu'en imposant aux données de l'intuition sensible ses formes *a priori*.

La causalité est une des douze catégories qui déterminent les formes principales par lesquelles le divers donné par les sens est unifié et, par-là même, devient déterminé et objectivé ou, plus simplement, reçoit un sens. Les catégories sont donc des fonctions ou des manières d'effectuer des liaisons entre ce qui n'est pas lié originairement ; elles sont aussi des concepts purs de l'entendement. En outre, la façon dont Kant traite de la causalité est révélatrice de la méthode. David Hume avait reconnu que, s'il était nécessaire de dépasser ces limites, ces concepts devraient avoir leur origine *a priori*. Mais, « comme il ne pouvait pas du tout s'expliquer comment il est possible que l'entendement doive penser des concepts, qui ne sont pas en soi liés dans l'entendement, comme nécessairement liés dans l'objet, et comme il ne lui vint pas à l'esprit que peut-être l'entendement était par ces concepts mêmes auteur de l'expérience où se rencontrent ces objets, il se vit forcé de les dériver de l'expérience (à savoir d'une nécessité subjective résultant d'une association répétée dans l'expérience, qui est tenue finalement à tort pour objective, en un mot de l'habitude) »[2].

---

[1] *Ibid.*, [B 106].
[2] *Ibid.*, [B 127].

La deuxième analogie énonce le principe de la succession dans le temps selon la loi de causalité : « Principe de la succession dans le temps suivant la loi de la causalité : Tous les changements arrivent suivant la loi de liaison de la cause et de l'effet »[1]. On peut penser qu'un événement se produisant dans le monde n'est pas une pure apparition d'existence qui ne serait précédée de rien, ou une création *ex nihilo*. Un événement est toujours un changement, ce qui suppose qu'en lui on passe d'un état antérieur à un état postérieur et qu'il y ait un certain sujet qui demeure tout en étant soumis au changement. Je perçois donc que deux phénomènes (deux états des choses) se succèdent. Dans l'appréhension de l'événement, mon esprit relie donc deux perceptions dans le temps. On peut dire, chez Kant, le cours des perceptions dans mon esprit ne donne pas l'ordre de la succession, ordre qui n'est pas réversible. « La simple perception laisse indéterminé le rapport objectif des phénomènes qui se succèdent »[2], les phénomènes n'étant pas à considérer seulement comme des représentations subjectives dans l'esprit (des objets de conscience) mais encore comme les objets des représentations elles-mêmes. « Le concept du rapport de la cause et de l'effet, dont le premier terme détermine le second dans le temps, comme conséquence, et non comme quelque chose qui pourrait précéder seulement dans l'imagination (ou même n'être pas du tout perçu). Ce n'est donc que parce que nous soumettons la suite des phénomènes, par conséquent tout changement, à la loi de la causalité, que l'expérience même, c'est-à-dire la connaissance empirique de ces phénomènes, est possible »[3].

Par la causalité nous saisissons dans le changement une suite non quelconque, mais nécessaire ; elle rend nécessaire, dans la perception de ce qui arrive, l'ordre des perceptions successives.

---

[1] *Ibid.*, [A 189].
[2] *Ibid.*, [B 234].
[3] *Ibid.*, [B 234].

Il n'y a donc de connaissance objective que par la règle qui rattache nécessairement ce qui arrive à ce qui précédait, c'est-à-dire par la loi de causalité. Sans la causalité, le monde ne serait qu'un rêve ; connaître, c'est toujours connaître par les causes ; comprendre un phénomène, c'est le saisir comme suite nécessaire d'un autre. Remarquons d'ailleurs qu'il s'agit ici de l'ordre du temps et non son cours, car au moment où l'effet commence à se produire, il est toujours contemporain de sa cause, par exemple quand je dis que le fourneau est cause de la chaleur d'une pièce[1].

Toute connaissance transcendantale est médiatisante entre le sujet et l'objet dans la mesure où elle dévoile l'expérience possible qui s'immisce entre une chose et une autre. Quand la cire fond au soleil, ma connaissance *a priori* de la cause à l'effet est une reconnaissance du fait que cette expérience est possible[2] ; venant après l'expérience, elle a le temps de déployer ce qui dans ma relation au phénomène vient de mon propre esprit (donc *a priori*). Quant à identifier l'événement particulier dans ses déterminations empiriques, aucune règle *a priori* ne permettra jamais d'y arriver ; bien qu'étant une détermination du sens interne, le jugement synthétique *a priori* ne fera jamais connaître d'une manière déterminée la cause par l'effet ou l'effet par la cause : tout au plus pourra-t-on invoquer des lois causales empiriques qui n'auront jamais d'universalité vraie ou rigoureuse, mais seulement une universalité « supposée ou comparative », de sorte que pour des lois empiriques on peut bien dire que ce qui est lié avec quelque perception n'est pas

---

[1] *Ibid.*, [A 203-204].

[2] *Ibid.*, [A 231/B 284] ; Il faut savoir gré à G. Brittan d'avoir remarqué que les lois de la nature comme la loi de causalité, au sens authentiquement transcendantal, sont en fait opposées à de simples régularités au lieu d'être ajoutées à celles-ci (« Kant and the quantum theory », *in Kant and contemporary epistemology*, edited by Paolo Parrini, Kluwer Academic Publishers, 1994) p. 144).

nécessairement « immédiatement perçu »[1]. Le but de la deuxième Analogie n'est donc pas d'assurer l'induction qui va de la connexion des perceptions à la loi *a priori* de causalité ; la règle n'est même pas mise en doute. La connexion des perceptions est une expérience dont la validité est déjà assurée par la déduction de la catégorie de causalité.

On pourrait résumer la thèse de Kant de la façon suivante : on ne peut connaître sans penser ; penser n'est pas imaginer, c'est juger, et dans la connaissance scientifique l'on juge toujours selon une règle ; la règle ne peut être tirée de l'expérience ; il faut donc en dériver le caractère déterminant de la forme même de concepts purs *a priori* (en l'occurrence, le concept de causalité). Par là, Kant se donne les moyens de combattre le scepticisme de Hume, en traitant la causalité comme catégorie, comme un concept primitif et *a priori* de l'entendement qui expose les conditions de possibilité de la connaissance.*

5.3.2. Cause interne et cause externe

Kant a-t-il vraiment vaincu les difficultés auxquelles se heurtait Newton et qui avaient entraîné son hésitation entre la *vis insita* et la *vis inertiae* ? Il n'est pas facile pour le lecteur de la *Critique de la raison pure* de découvrir qu'à la seconde analogie, c'est-à-dire, à la loi de la ''cause'' et de l'''effet'', correspond, dans la mécanique, la loi d'inertie. Seule une petite note indique que Kant songeait déjà à l'inertie. « Qu'on

---

[1] « Nous entendrons donc en ce qui suit par connaissance *a priori*, non celles qui ont lieu indépendamment de telle ou telle expérience, mais celles qui sont absolument indépendantes de toute expérience. Leur sont opposées les connaissances empiriques, ou celles qui ne sont possibles qu'*a posteriori*, c'est-à-dire par expérience. Mais parmi les connaissances *a priori*, on appelle pures celles auxquelles rien d'empirique n'est mélangé. Ainsi par exemple, la proposition : Tout changement a sa cause, est une proposition *a priori*, mais non pure, parce que le changement est un concept qui ne peut être tiré que de l'expérience ». Kant, *Critique de la raison pure*, [B 2-3].

remarque bien que je ne parle pas du changement de certaines relations en général, mais de changement d'état. Aussi, quand un corps se meut uniformément, ne change-t-il pas du tout son état (de mouvement), mais bien quand son mouvement augmente ou diminue »[1].

Dans toute expérience, la représentation des objets n'est possible que dans l'ordre du temps, et chaque objet y apparaît dans la succession des phénomènes, parce que la synthèse du divers opérée par l'imagination est toujours successive. « Mais la succession n'est nullement déterminée dans l'imagination du point de vue de l'ordre (ce qui doit précéder et ce qui doit suivre), et la série de l'une des représentations qui se suivent peut être prise aussi bien en remontant qu'en descendant »[2]. Il ne peut y avoir représentation d'objets, par opposition au simple rêve, qu'en vertu du rapport de causalité qui détermine un ordre de la synthèse. « Cette causalité conduit au concept de l'action, celle-ci au concept de force, et par là au concept de substance. Comme je ne veux pas mêler à mon entreprise critique, qui ne concerne que les sources de la connaissance synthétique *a priori*, des analyses qui ne tendent qu'à l'éclaircissement (non à l'extension) des concepts, je réserve pour un futur système de la raison l'examen détaillé de ces concepts ; aussi bien trouve-t-on déjà une telle analyse, en une large mesure, dans les manuels déjà connus en ce type de question. Mais je ne puis laisser de côté le critère empirique d'une substance, en tant qu'elle semble se manifester non par la permanence du phénomène, mais mieux et plus facilement par l'action »[3]. Ces lignes de la *Critique de la raison pure* sont beaucoup plus claires lorsqu'elles sont lues à la lumière de cette extension des concepts qui est annoncée. Ainsi la première phrase : « Cette causalité conduit … au concept de substance » est

---

[1] *Ibid.*, [A 207].
[2] *Ibid.*, [A 201].
[3] *Ibid.*, [A 204].

remarquablement éclairée par l'énoncé de la deuxième loi de la mécanique.

Le principe de la causalité formulé dans la *Deuxième analogie* est un principe de l'expérience en général. Mais Kant pense qu'existent d'autres principes, qui sont également des jugements synthétiques *a priori*, et ce sont ceux-là qui constituent le fondement de la science rationnelle de la nature, c'est-à-dire, de fait, de la physique newtonienne. Dans son ouvrage *Premiers principes métaphysiques de la science de la nature*, Kant classe ces principes selon quatre disciplines de la science de la nature : la phoronomie, la dynamique, la mécanique et la phénoménologie. La première est une théorie mathématique pure du mouvement, faisant abstraction de la réalité physique du sujet du mouvement, qui est le corps. Le passage à cette réalité physique concrète se fait dans la dynamique, où le premier pas est, justement, d'établir le concept scientifique de matière. Kant, dans le sillage de Leibniz, fonde sa théorie de la matière sur le concept de ''force'' ; or, dès la première définition de la dynamique, il introduit le concept de cause comme fondement de toute sa démarche[1].

La notion de ''force'' est le principe de la synthèse dans la *Monadologie physique*. Tout revient en effet à déterminer la façon dont la monade, indivisible, peut « emplir » un espace divisible. Elle le fait par l'exercice d'une force active, qui correspond à la propriété d'impénétrabilité : « La monade

---

[1] « Définition 1 : la matière est le mobile en tant qu'il remplit un espace. Remplir un espace, c'est résister à tout mobile qui s'efforce par son mouvement de pénétrer en un certain espace. Un espace qui n'est pas rempli est un espace vide.

Remarque : c'est là la définition dynamique du concept de matière. Elle suppose celle de la phoronomie mais elle ajoute une propriété qui se rapporte comme cause à un effet, à savoir le pouvoir de résister à un mouvement à l'intérieur d'un certain espace ». Kant, *Les premiers principes métaphysiques de la science de la nature*, *op. cit.*, p. 51.

définit le petit espace de sa présence, non par la pluralité de ses parties substantielles, mais par la sphère de son activité, par laquelle elle empêche les choses externes présentes autour d'elle de se rapprocher d'elle-même au-delà d'une certaine limite »[1]. Cette force active interne est une nouvelle étape de la réflexion sur les ''causes internes'', fondées dans l'intériorité de la substance, et sources du mouvement externe quantifiable[2]. La notion de force est le principe d'une synthèse entre causes internes de la métaphysique et les lois mathématiques et phénoménales de la physique.

Le rôle constitutif de la causalité est surtout prépondérant dans la mécanique, dont la deuxième loi, que Kant présente comme un théorème et, donc, susceptible de démonstration, n'est autre que la loi d'inertie : « Seconde loi de la mécanique : Tout changement dans la matière a une cause externe (chaque corps persévère dans son état de repos ou de mouvement, en conservant même direction et même vitesse, quand une cause externe ne l'oblige pas à abandonner cet état).

» Démonstration : (On emprunte à la métaphysique générale, comme fondement, la proposition que tout changement a une cause : on démontrera ici au sujet de la matière seulement que tout changement en elle doit toujours avoir une cause externe). La matière comme simple objet des sens externes n'a d'autres déterminations que celle des rapports extérieurs dans l'espace et le mouvement seul lui fait subir des modifications. Pour celles-ci donc, qu'il s'agisse d'un changement de mouvement en un autre ou d'un mouvement en repos ou inversement, il faut trouver une cause (d'après les principes de la métaphysique) ; or, cette cause ne peut être interne parce que la matière ne saurait avoir des déterminations, ni des raisons de

[1] Kant, *Monadologie physique*, proposition 6, [AK1 480], *op. cit.*, p. 40.

[2] Une monade, qui est l'élément primitif du corps, en tant qu'elle emplit l'espace, possède assurément une quantité extensive ». Kant, *Monadologie* physique, proposition 7, [AK1 481], *op.cit.*, p. 42.

déterminations internes. Donc tout changement d'une matière a pour fondement une cause extérieure (c'est-à-dire qu'un corps persiste, etc.) »[1]. Kant tout de suite remarque que cette loi mécanique doit être appelée « loi d'inertie »[2].

L'inertie n'est pas une propriété de la matière qui conduit au repos, il n'y a que le changement du mouvement qui appelle une action, et le livre III des *Principes mathématiques de la philosophie naturelle* montre bien que c'est à partir de l'analyse des changements qui retirent les planètes du mouvement rectiligne uniforme que procède la science newtonienne. « Les forces par [...] leurs distances au centre »[3].

Le concept d'action conduit au concept de force. C'est en effet ce qui découle de la définition newtonienne de la force. « La force centripète ... au mouvement »[4]. Toute action qui entraîne un corps à abandonner son état a donc nécessairement pour cause une force extérieure. La force centripète est l'une des causes possibles de cette force générale que Newton appelait la *vis impressa*. « La force imprimée [...] dans l'action »[5].

La force conduit au concept de substance, la permanence d'une substance se manifeste soit dans le maintien de son état de repos, ou dans le mouvement rectiligne uniforme, ou mieux, dans le changement sous l'action d'une force. La force est une action extérieure qui m'oblige à penser une matière comme sujet des modifications. « La matière est *substantia*

---

[1] Kant, *Les premiers principes de la science de la nature*, [AK IV 543], *op. cit.*, p. 130.

[2] *Id.*, p. 130-131.

[3] Newton, *Principes mathématiques de la philosophie naturelle*, trad. franç. par Gabrielle-Emilie de Breteuil, marquise de Chastelet, Paris, 1756-1759 ; rééd. Paris, Albert Blanchard, 1966 ; Gabay, 1989, livre III, proposition I. Les cinq premières propositions portent sur ces changements produits par la force de gravité concernant tous les astres du système solaire et les propositions suivantes étudient l'action de la force de gravité.

[4] *Ibid.*, livre I, définition VIII.

[5] *Idid.*, livre I, définition IV.

phaenomenon ; ce qui lui convient intérieurement, je le cherche dans toutes les parties de l'espace qu'elle occupe et dans tous les effets qu'elle produit et qui assurément ne peuvent être jamais que des phénomènes des sens externes. Je n'ai donc rien qui soit absolument intérieur, mais seulement quelque chose qui l'est relativement, et qui lui-même, à son tour, se compose de rapports extérieurs. Mais ce qui, dans la matière, serait absolument intérieur, d'après l'entendement pur, est même une simple chimère, car la matière n'est nulle part un objet pour l'entendement pur »[1]. Tout changement, en tant que succession dans le temps des états de la matière, peut être considéré a priori suivant la loi de causalité, mais « comment est-il possible qu'à un état, en un point du temps, puisse se succéder, en un autre point, un état opposé, c'est ce dont nous n'avons pas *a priori* la moindre notion, il est besoin pour cela de la connaissance des forces réelles, qui ne peut être donnée qu'empiriquement, par exemple des forces, ou, ce qui revient au même, de certains phénomènes successifs (comme mouvement) qui indiquent de telles forces »[2]. La matière n'est donc pas connue par ses déterminations internes, comme « objet de l'entendement pur », cependant nous en avons une véritable connaissance objective. « Dans l'intérieur de la nature, ce sont l'observation et l'analyse des phénomènes qui y pénètrent »[3]. Bien que la matière soit seulement connue par ses rapports extérieurs dans l'espace et les changements de son état, elle mérite le nom de substance, non dans le sens où serait connu un commerce des substances, à la façon de la monadologie de Leibniz, mais en ce que les lois du mouvement de la science newtonienne nous font pénétrer dans l'intérieur même de la nature.

---

[1] Kant, *Critique de la raison pure, op. cit.*,[A 277, B 333].
[2] *Ibid.,* [A 207, B 252].
[3] *Ibid.,* [A 278, B 334].

Chapitre IV. Les jugements synthétiques *a priori* sont-ils possibles ?

1. Qu'est-ce qu'un jugement ?

Le problème qui définit ce que Kant appelle la philosophie transcendantale est alors celui de la possibilité pour l'homme de former des jugements synthétiques *a priori*. Un jugement synthétique est d'abord un jugement, et alors, qu'est-ce qu'un jugement ?

Kant au début de la *Logique Transcendantale* parle de l'"intuition" et des "concepts" comme les éléments qui constituent toute notre connaissance. De sorte que ni des concepts sans intuition qui leur corresponde de quelque manière, ni une intuition sans concepts ne peuvent donner une connaissance[1]. Le passage [A 50/B 74] est très important et fondamental dans le criticisme, parce qu'il énonce clairement ce qui constitue l'assertion essentielle sur laquelle repose toute l'entreprise kantienne. Elle répond aux problèmes, selon M. Meyer du rationalisme et de l'empirisme, et vise à restaurer la possibilité du propositionnalisme[2].

L'entendement est une faculté de connaître non sensible, c'est-à-dire une faculté de connaître par concepts[3] ; mais les

---

[1] « Notre connaissance vient de deux sources fondamentales de l'esprit, dont la première consiste à recevoir les représentations (la réceptivité des impressions), et dont la seconde est le pouvoir de connaître un objet au moyen de ces représentations (la spontanéité des concepts) ; par la première un objet nous est donné ; par la seconde il est pensé en rapport avec cette représentation (à titre de simple détermination de l'esprit) ». *Ib.,* [A 50, B 74].

[2] Meyer M., *Science et métaphysique chez Kant*, Paris, PUF, 1988, p. 93.

[3] C'est ce que pose l'Introduction de la *Logique :* « L'entendement doit être considéré comme la source et la faculté de penser des règles en général. Car, de même que la sensibilité est la faculté des intuitions, de même l'entendement est la faculté de penser, c'est-à-dire de soumettre les représentations sensibles à des règles ». Kant, *Logique,* Introduction I, § 9-10.

concepts, comme prédicats de jugements possibles, se rapportent à quelque représentation d'un objet encore indéterminé. Par exemple mon concept de corps est un ensemble de représentations qui peuvent servir à déterminer un objet, et donc être le prédicat d'un jugement, comme lorsque je dis : tout métal est un corps. Par suite, « l'entendement en général peut être représenté comme un pouvoir de juger. Car il est d'après ce qui précède un pouvoir de penser »[1].

On peut donc dire que penser, c'est juger, c'est-à-dire établir des relations entre des représentations. Les ramener à l'unité. C'est un acte par lequel je lie une notion et une donnée, une idée et une chose – un concept et une intuition, et la liaison est une synthèse (poser ensemble, *com-positio*). C'est-à-dire l'attribution d'un prédicat à un sujet sous la forme ''A est B''. « Dans tous les jugements, où est pensé le rapport d'un sujet au prédicat (si je considère seulement les jugements affirmatifs, car l'application aux jugements négatifs est ensuite facile), ce rapport est possible de deux façons. Ou bien le prédicat B appartient au sujet A comme quelque chose qui est contenu (de manière cachée) dans ce concept A ; ou bien B est entièrement hors du concept A, quoique en connexion avec lui »[2].

Ainsi dans le jugement scientifique, par exemple, une loi énoncée par Newton à propos d'objets donnés dans l'expérience – les planètes et leurs relations – s'unissent des concepts, tel celui de la causalité, et des intuitions – les constatations expérimentales. De l'acte du jugement résulte une proposition.

Si bien qu'en déterminant les fonctions de l'unité dans les jugements on trouvera toutes les fonctions de l'entendement. Les logiciens distinguent différentes formes logiques du jugement, selon la qualité, la quantité, la relation et la modalité.

---

[1] Kant, *Critique de la raison pure, op. cit.*, [A 69, B 94].
[2] *Ibid.,* [A 6, B 10].

S'inspirant de leur classification et la rendant plus systématique, Kant obtient le tableau suivant[1] :

I°- Quantité des jugements : Universels, Particuliers, Singulier ;
II°- Qualité : Affirmatifs, Négatifs, Indéfini ;
III°- Relation : Catégoriques, Hypothétiques, Disjonctif ;
IV°- Modalité : Problématiques, Assertoriques, Apodictiques.

2. Jugement synthétique et jugement analytique

Nous avons remarqué que selon Kant un jugement a une forme comme ''A est B''. Kant ajoute : « Ou bien le prédicat B appartient au sujet A comme quelque chose qui est contenu (de manière cachée) dans ce concept A ; ou bien B est entièrement hors du concept A [...]. Dans le premier cas, je nomme le jugement ''analytique'', dans l'autre ''synthétique'' »[2]. Des jugements analytiques sont donc ceux dans lesquels la connexion du prédicat avec le sujet est pensée par identité, tandis que ceux dans lesquels cette connexion est pensée sans identité doivent s'appeler jugements synthétiques. On pourrait encore appeler les premiers jugements ''explicatifs'', les seconds ''extensifs''[3]. Une proposition comme « Tous les corps sont étendus » est un jugement analytique parce que, dans le concept de corps, j'ai toujours déjà pensé l'étendue, qui appartient à la forme même de l'intuition. Mais « tous les corps sont pesants » est un jugement synthétique, mais *a posteriori*, car pour faire la synthèse entre les deux prédicats il faut revenir

---

[1] *Ibid.,*, [A 70, B 95].
[2] *Ibid.,*, [A 6, B 10].
[3] *Ibid.,*, [B 11] ; Quelle que soit donc « l'origine des jugements, ou leur nature envisagée du point de vue de la forme logique, il y a une différence qui a trait au contenu et en vertu de quoi ils sont soit simplement ''explicatifs'', et n'ajoutant rien au contenu de la connaissance, soit ''extensifs'', et accroissant la connaissance donnée ; les premiers seront nommés ''analytiques'', les seconds ''synthétiques'' ». Kant, *Prolégomènes à toute métaphysique future*, *op. cit.*, § 2 a.

à l'expérience. La pesanteur – depuis Newton- n'est pas une propriété inhérente aux corps et à ce titre la proposition « les corps sont pesants » accroît notre connaissance. Il faut bien remarquer que tous les jugements synthétiques ne sont pas apportés par l'expérience, et, il existe des jugements qui sont *a priori.* L'exemple principal que donne Kant est celui du principe de causalité : « tout ce qui arrive a sa cause »[1]. Ce jugement est synthétique et en même temps "universel" et "nécessaire", ce qui veut dire *a priori*[2]: Le concept de cause contient en effet en lui-même la nécessité da la liaison avec un effet et « une rigoureuse universalité de la règle », si bien que « ce serait sa perte complète si on voulait la dériver, comme le faisait Hume, d'une association fréquente de ce qui suit avec ce qui précède et d'une habitude qui en résulte (une nécessité par la suite seulement subjective) de lier les représentations »[3]. C'est pour cela que le principe de la causalité est un jugement synthétique *a priori.*

Une connaissance de deux écoles de pensée – celle de Descartes d'une part et celle de Locke et de Berkeley d'autre part – a été tentée par Kant, fondateur de l'idéalisme allemand. La partie de son œuvre présentant une importance pour la physique moderne est soutenue dans *La critique de la raison pure.* Il reprend la question de savoir si la connaissance n'est fondée que sur l'expérience ou si elle peut provenir d'autres sources. Il en arrive à la conclusion que notre connaissance est en partie *a priori*, et non tirée intuitivement de l'expérience.

---

[1] *Ibid.,* [A 9, B 13].

[2] L'universalité et la nécessité sont l'indice de l'*a priori* : toute proposition pensée comme comportant nécessité est un jugement *a priori.* Tout jugement pensé selon une rigoureuse universalité, c'est-à-dire non dérivé de l'expérience, est « valable absolument *a priori* » ; il y a bien une universalité empirique, mais elle n'est qu'une « montée arbitraire » de la valeur du jugement. « Nécessité et universalité rigoureuses sont donc des caractéristiques certaines d'une connaissance *a priori* et sont aussi inséparables ». *Ib.*, [B 3].

[3] *Ibid.*, [B 5].

Kant distingue donc la connaissance ‘‘empirique’’ et la connaissance *a priori*. En même temps, il distingue les propositions ‘‘analytiques’’ des propositions ‘‘synthétiques’’. La distinction établie par Kant entre jugements analytiques et jugements synthétiques est, encore une fois, bien connue : « Dans les jugements analytiques, je m’en tiens au concept donné pour établir quelque chose à son propos. [...] Mais dans les jugements synthétiques, je dois sortir du concept donné, pour considérer, dans le rapport avec lui, quelque chose de tout autre que ce qui était pensé en lui »[1].

Les positions analytiques suivent simplement la logique et les nier mènerait à se contredire soi-même. Toute proposition qui n’est pas ‘‘analytique’’ est appelée ‘‘synthétique’’. L’idée de la science parfaite lui est apparue comme réalisée par Newton. Kant a cru d’ailleurs, dans son *Histoire Naturelle du Ciel*, avoir étendu encore le cercle des connaissances newtoniennes, et être parvenu à expliquer avec la même certitude la genèse même du système du monde. La science était considérée comme démontrant les lois du monde réel, et comme ayant une certitude apodictique en même temps que concrétisant une réalité.

En vertu du principe selon lequel « la possibilité de l’expérience est ce qui donne une réalité objective à toutes nos connaissances *a priori* »[2], Kant écrit : « Le principe suprême de tous les jugements synthétiques est que tout objet est soumis aux conditions nécessaires de l’unité synthétique des intuitions multiples de l’dans une expérience possible et que les conditions de la possibilité de l’expérience en général sont en même temps conditions de la possibilité des objets de l’expérience, et ont de ce fait une validité objective dans un jugement synthétique *a priori* »[3].

---

[1] *Ibid.*, [B 193-194].
[2] *Ibid.*, [B 195].
[3] *Ibid.*, [B 197].

Kant réfléchit sur la nature de la science et de la morale. Or le résultat de cette réflexion est que l'existence de ces deux disciplines soulève de grandes difficultés. Kant aboutit à la doctrine des jugements synthétiques *a priori*, doctrine que l'empirisme logique prend comme point central de sa réfutation du kantisme tout entier. Qu'un jugement puisse être à la fois synthétique et *a priori* est une thèse qui n'avait pas été soutenue avant Kant. On reconnaît un jugement a priori à ce qu'il est ''universel'' et ''nécessaire''. Non pas que nous concevions nécessairement ce jugement et que tous les hommes le conçoivent comme tel est *a priori* un jugement par lequel nous affirmons que telle ou telle chose existe universellement et nécessairement. Mais s'il existe des sciences données dont certaines comportent des jugements à la fois synthétiques et *a priori*, alors on ne peut opposer à la métaphysique la question préalable ; sa possibilité devient alors légitime et nécessaire.

Or, selon Kant, il existe effectivement des sciences dans lesquelles sont admis des jugements synthétiques *a priori* : les mathématiques pures et la physique pure sont dans ce cas, de même que de nombreux jugements métaphysiques[1]. Cette observation, si elle est vraie, change la face du problème ; c'est à en établir la vérité que Kant s'applique en premier lieu. Donc comment Kant prouve-t-il que la mathématique et la physique pures se composent essentiellement de jugements synthétiques *a priori*, et quelle est la valeur de ses arguments ?

3. Jugements synthétiques *a priori* : dans les mathématiques et la physique

3.1. Les mathématiques

On n'a point assez distingué deux sortes de synthèses *a priori* chez Kant : celles des mathématiques et celles de la physique. Les premières produisent devant nous une évidence sensible ; elles procèdent par construction de concept et

[1] *Ibid.*, [B 19].

requièrent l'intuition pure de l'espace et du temps. Qu'il s'agisse des jugements mathématiques eux-mêmes (2+2 = 4 ; la somme des angles d'un triangle est égale à deux droits) ou des formes de leur possibilité (la position de deux instants différents dans le temps ou de deux points différents dans l'espace), l'analyse critique montre sans doute qu'une donnée sensible mais pure doit être présente.

Toutes les propositions mathématiques pures sont synthétiques *a priori*[1], dit Kant : Il faut distinguer entre raisonnement et principe. Le principe peut être synthétique permettant par cela même au raisonnement d'être analytique. Considérons par exemple l'opération « 7+5 = 12 »[2]. Le résultat ne peut être obtenu par simple analyse. Le concept d'addition contient bien l'idée d'une opération consistant à réunir en un seul nombre toutes les unités contenues dans plusieurs nombres donnés. Il s'agira dans « 7+5 = 12 » de réunir en un seul nombre les unités dont se compose 7 et celles dont se compose 5. Ce que sera ce nombre, je ne puis selon Kant le savoir par simple analyse, car celle-ci me dit bien ce qu'il faut faire mais elle ne le fait pas. Pour parvenir au nombre 12, je dois remonter du concept de 5 à la manière dont il a été formé, et dès lors ajouter 5 fois l'unité en partant de 7. Autrement dit, il y a dans cette opération les concours du concept et de l'intuition. S'il y a bien dans cette opération une action de mon esprit conforme à la définition, l'esprit réalise ce qui dans la dite définition n'est que simple possible.

Kant distingue donc essentiellement trois opérations de la pensée mathématique : 1°- la géométrie qui traite des *quanta*,

---

[1] Leurs propositions sont bien nécessaires et universelles. Elles sont dès lors *a priori*, cela ne souffre aucun doute. Mais sont-elles synthétiques ? L'exemple le plus convaincant de Kant est tiré de la géométrie : « Entre deux points, la ligne la plus courte qui puisse être tracée est une ligne droite ».

[2] *Ibid.*, [B 15].

2°- l'arithmétique qui traite de la quantité déterminée et 3°- l'algèbre qui traite de la quantité indéterminée ou symbolique.

3.1.1. L'arithmétique

Le principe de tout jugement arithmétique, y compris le principe mathématique d'identité[1], est une synthèse *a priori*. Soit une formule d'identité numérique : « 7+5 = 12). Un nombre n'est que « l'unité de la synthèse opérée dans le divers d'une intuition homogène en général »[2], et quoique je puisse, en usant de symbolisme spatial, me représenter l'image[3] d'un nombre particulier d'ailleurs fort petit, une telle représentation ne permet de vérifier aucune identité numérique dès que les deux membres ont une forme distincte. Car le nombre 12 n'offre précisément pas la même image que la somme des nombres 7+5. En revanche, les deux membres d'une identité obéissent au même schème, c'est-à-dire à la même « méthode » de subsomption du divers conformément à l'usage d'un système de numération. Pour illustrer la synthèse arithmétique, il est donc inutile d'invoquer avec Poincaré les formules générales, telles que la loi de commutativité de l'addition, sous le prétexte que leur validité repose sur l'induction complète[4].

---

[1] *Ibid.*, [B 104, A 78].

[2] *Ibid.*, [A 143, B 182].

[3] « Il faut bien distinguer le schème de l'image. Ainsi, quand je place cinq points l'un après l'autre ..., c'est là une image du nombre cinq ; au contraire, quand je ne fais que penser un nombre en général, qui est cinq ou cent, cette pensée est plus la représentation d'une méthode pour représenter, conformément à un certain concept, un ensemble (par exemple mille), que cette image même, que dans le dernier cas il me serait difficile de parcourir des yeux et de comparer au concept. Or, c'est cette représentation d'un procédé général de l'imagination pour procurer à un concept son image que j'appelle le schème pour ce concept ». *Ib.,*, [A 140 B 179].

[4] Poincaré H., *La science et l'Hypothèse*, Paris, Flammarion, 1969, p. 33-40.

Si on traduit par exemple, « 7+5 = 12 » en système dyadique[1] on verra alors une même règle d'unité de la synthèse opérant dans le divers homogène et seule à même de valider une identité numérique.

En arithmétique donc, « tout raisonnement analytique est doublé d'une opération synthétique, qui applique ce raisonnement à des objets déterminés, et cela conformément à la nature propre de ces objets »[2].

3.1.2. La géométrie

Comme l'arithmétique, la géométrie présente des propositions qui, tout en étant *a priori*, sont plus visiblement encore synthétiques. L'exemple le plus convaincant de Kant dans la géométrie est : « Entre deux points, la ligne la plus courte qui puisse être tracée est une ligne droite »[3]. Cette proposition ne peut être que synthétique, argumente Kant, puisqu'elle réunit dans le sujet et le prédicat des éléments hétérogènes, notamment une notion de quantité (la ligne courte) et une autre de qualité (la ligne droite). Le concept de la ligne la plus courte entre deux points ne renferme pas analytiquement de considération sur la qualité de cette ligne. La proposition est donc synthétique *a priori*.

---

[1] Plus propre à faire ressortir la synthèse quand l'identité numérique porte sur des petits nombres. Par exemple :

$7 = 2^2 + 2^1 + 2^0$, $5 = 2^2 + 2^0$, $12 = 2^3 + 2^2$

ou, en notion dyadique

$7 = 111$, $5 = 101$, $12 = 1100$

L'identité résulte du schème :

$22 + 21 + 20) + (22 + 20) = (22 + 22) + 21 + (20 + 20)$

$= (2^2 + 2^2) + (2^1 + 2^1) = 2^3 + 2^2$,

ou :

$111 + 101 = 1100$ (en base 2).

Vuillemin J., *L'intuitionnisme kantien*, Paris, Vrin, 1994, I, p. 20.

[2] Boutroux E., *La philosophie de Kant*, *op. cit.* p. 23-24.

[3] Kant, *La Critique de la Raison pure*, *op. cit.*,[B 16].

Enfin, Kant considère la géométrie euclidienne comme un *a priori*[1] et seule donc la géométrie euclidienne existe, au sens mathématique du terme, et les autres ne sont que de simples objets de pure pensée. Kant en donne un excellent exemple : « Ainsi dans le concept d'une figure comprise entre deux lignes droites, il n'y a aucune contradiction, car les concepts de deux lignes droites et de leur rencontre ne contiennent la négation d'aucune figure : l'impossibilité ne tient pas au concept lui-même, mais à la construction de ce concept dans l'espace, c'est-à-dire aux conditions de l'espace et de sa détermination ; or, ces conditions, à leur tour, ont leur réalité objective, - c'est-à-dire, se rapportent à des choses possibles, - puisqu'en elles est renfermée *a priori* la forme de l'expérience en général »[2].

3.1.3. L'algèbre

C. D. Broad dans son article « Kant's theory of Mathematical and Philosophical Reasoning »[3] affirme que Kant n'a fourni aucune théorie concernant le raisonnement algébrique. Cela peut s'avérer exact si l'on considère que les remarques kantiennes sur l'algèbre sont incompatibles avec les théories de l'espace et du temps développées dans l'*Esthétique transcendantale*. La théorie kantienne de l'algèbre est néanmoins un cas particulier d'une théorie plus large concernant la méthode mathématique.

Quand Kant affirme que les mathématiques sont fondées sur le recours aux « intuitions », il ne veut pas dire pour autant qu'elles sont d'abord fondées sur une preuve plus immédiate que ne le serait un argument logique. Pour Kant, l'intuition est simplement quelque chose qui représente ou désigne un objet

---

[1] Heisenberg W., *Physique et philosophie*, Paris, Albin Michel, 1961 et 1971, p. 90.

[2] Kant, *La Critique de la Raison pure*, *op. cit.*, [A 220 B 268].

[3] Broad C. D., « Kant's theory of Mathematical and Philosophical Reasoning », *Proceedings on the Aristotelian Society 42*, (1941-1942), 1-24.

individuel comme étant distinct des concepts généraux[1]. Par exemple, l'utilisation de variables en algèbre revient pour lui à mettre en œuvre une méthode « intuitive », puisque l'on pense de telles variables comme désignant des nombres individuels. On doit comprendre les mathématiques à la lumière de ce que Kant élabore dans l'*Esthétique transcendantale.* En d'autres termes, on entend par « intuition » une « image mentale » ou une « image placée devant l'œil de l'esprit », ou quelque chose de la sorte, quelle que soit la justification des symboles algébriques. Kant nous y explique la nature de l'algèbre d'une façon telle qu'on en revient toujours à l'usage des intuitions. Il ne s'agit pas de fournir des images plus vivantes des choses que nous considérons, ni de rendre le débat plus « intuitif » dans le sens ordinaire du mot. Alors il devient très difficile de comprendre pourquoi Kant se réfère à l'algèbre et à l'arithmétique comme étant fondées sur l'intuition. Broad remarque que ce que Kant affirme à propos de l'algèbre aurait pu tout aussi bien être dit par Leibniz et pourrait tout aussi justement être dit de la logique symbolique. Selon Broad, Kant n'établit aucune sorte de lien entre l'algèbre et sa théorie des mathématiques selon lequel elles s'intéresseraient toutes deux aux formes de notre sensibilité[2].

Si nous supposons que les symboles utilisés en algèbre représentent des nombres individuels, le fait de dire que l'algèbre est fondée sur l'utilisation de l'intuition, c'est-à-dire, sur l'utilisation de représentations du particulier devient

---

[1] Chez Kant « La connaissance à son tour est ou intuition (*Anschauung*) ou concept (*Begriff*). La première se rapporte immédiatement à l'objet et est singulière, le second ne s'y rapporte que médiatement, au moyen d'un caractère qui peut être commun à plusieurs choses » (Kant, *La Critique de la Raison pure*, [A 320 B 377]) ; « L'intuition est une représentation qui dépendrait directement de la présence de l'objet » (Kant, *Prolégomènes*, § 1). Il y a donc simplement contraste entre les intuitions (qui représentent des individualités) et les concepts (généraux).

[2] Broad C. D., « Kant's theory of Mathematical and Philosophical Reasoning », *op. cit.*, 1-24.

trivialement vrai. Après tout, les variables de l'algèbre élémentaire se réfèrent aux nombres et elles ne prennent pas les prédicats pour valeurs de substitution, ce qui se passe pourtant avec les variables de la syllogistique formelle.

Les remarques de Kant sur l'algèbre reçoivent du même coup une signification naturelle, et cela tout à fait en dehors de la question de savoir si celle-ci est en dernière analyse compatible avec ce que Kant affirme dans l'*Esthétique transcendantale*. Kant reprend ici le terme « intuition » dans le but de montrer que l'algèbre est ''nominaliste'' ; les seules valeurs variables acceptables étant les ''individus'' : ses symboles (variables) ont des individus ou (nombres individuels) pour valeurs, et non des classes ou des attributs de nombres[1].

La possibilité des jugements synthétiques *a priori* en mathématiques ne paraît donc pas requérir nécessairement un entendement asservi aux affections d'une sensibilité pure, puisqu'un entendement couplé au jugement y pourvoirait aussi. Ce serait alors l'indépendance supposée de la déduction des catégories à l'égard de la déduction des principes qui entraînerait l'illusion en vertu de laquelle l'intuition peut limiter les catégories en les subordonnant à la forme et à la matière de la phénoménalité. Il reste à présent à étudier la possibilité de jugements synthétiques *a priori* dans la science de la nature.

3.2. La physique

3.2.1. L'idée de la nature chez Kant

La nature n'a pas le même sens chez Kant que chez Aristote. Aristote classe les sciences en logique, physique et éthique, et les mathématiques, dans cette classification, rentreraient, conformément à l'ontologie aristotélicienne, dans la physique. Or, la nature, objet de la physique aristotélicienne, est ce qui contient la raison du mouvement, comme Aristote l'a défini au

---

[1] Hintikka J., *La philosophie des mathématiques chez Kant* (1980), Paris, PUF, 1996, p. 68.

deuxième livre de la *Physique*[1]. Si l'on examine cette définition, il apparaît que la physique d'Aristote est la science du vivant ou, si l'on veut un terme contemporain plus étroit, qu'elle est, selon son objet, biologie.

Avec le Moyen Âge, la théologie entre en scène. Ce n'est pas que la science disparaisse : on continue à s'occuper avec soin de celle d'Aristote, et la science nouvelle se dessine déjà dans ses grands traits. Toujours est-il que la nature dans la scolastique apparaît d'abord sous son aspect théologique, comme œuvre de Dieu, comme « *creatura* ». Dire que la nature est « *creatura Dei* » n'est nullement péjoratif ; bien au contraire cette qualité lui assure précisément la beauté et la perfection en soi, et elle acquiert comme « *imago et vestigium Dei* » une dignité intrinsèque.

Tout change avec la science nouvelle. Pourtant les grands chercheurs et inventeurs de la science nouvelle sont encore les héritiers des anciennes conceptions : pour Kepler, Galilée, Newton, Leibniz, la nature est encore du vivant, encore l'œuvre de Dieu. Mais même si ces anciennes conceptions sont implantées dans leur pensée, la science elle-même est modifiée profondément : elle devient la mécanique. C'est ce qui se passe en particulier avec la découverte des lois astronomiques, si importante pour la science nouvelle.

Pour expliquer comment Kant donne une définition de la nature dans la *Critique de la raison pure*, il est plus simple de commencer par la préface des *Premiers principes métaphysiques de la Nature* de 1787, où il parle des principes de sa physique[2]. Kant distingue, d'abord, deux sens de la nature : un sens ''purement formel'' et un sens ''matériel''. Par le premier sens, la nature montre « le principe premier et

[1] Aristote, *Physique*, II, 1, 192 b.

[2] Nous allons suivre ici Catherine Chevalley dans Chevalley C., « Nature et loi dans la philosophie moderne », in *Notions philosophies*, sous la direction de D. Kambouchner, Paris, Gallimard, 1955, p. 127-230.

intérieur de tout ce qui appartient à l'existence d'une chose »[1]. Par le second les choses deviennent objets pour ma connaissance, c'est-à-dire « la totalité des choses pour autant qu'elles peuvent être objets de nos sens et donc aussi objets de l'expérience »[2]. Kant conclu que la nature a deux parties principales : « une partie contentant les objets des sens externes, et l'autre contenant l'objet du sens interne ; deux théories de la nature sont donc possibles : la théorie des corps et la théorie de l'âme, dont la première s'intéresse à la nature étendue, et la seconde à la nature pensante »[3].

Chez Kant, il y a une théorie qui s'appelle ''science de la nature'', « elle doit former un système, c'est-à-dire un tout de connaissance ordonné par des principes. [...] Selon une liaison[4] soit empirique, soit rationnelle »[5]. Ensuite, nous allons avoir une « science naturelle » ou une ''science rationnelle de la nature''. Mais Kant répond aussitôt que « le mot nature exige que la connexion des choses soit connue par la raison »[6]. Il faut donc plutôt parler d'une histoire naturelle et d'une science de la nature. Pour qu'il y ait science, il faut qu'il y ait certitude apodictique, conscience de la nécessité des fondements et des lois : « une théorie rationnelle de la nature mérite le nom de science seulement si les lois de la nature qui lui servent de fondement sont *a priori* et ne sont pas de simples lois d'expérience »[7].

Voilà le projet du critique de la nature : non seulement totalité des phénomènes, non seulement connexion rationnelle, mais forme même de la légalité : « Comme le mot nature implique déjà le concept de lois et que ce dernier implique le

---

[1] Kant, *Les premiers principes métaphysiques de la Nature*, *op. cit.* p. 467.
[2] *Ibid.*
[3] *Idid.*, p. 363-364.
[4] Une liaison des connaissances.
[5] *Idid.*, p. 364.
[6] *Ibid.*
[7] *Ibid.*

concept de la nécessité de toutes les déterminations d'une chose [...], cette nécessité des lois est liée indissolublement au concept de nature »[1]. Quand Kant définit la nature comme l'ensemble des phénomènes, il la détermine en même temps comme légalité, il n'a pas besoin de recourir comme le faisait Descartes à l'idée que Dieu a disposé toutes choses en nombre, poids et mesure.

Il faut bien souligner et répéter l'importance de la découverte des lois du mouvement dans la science nouvelle, découverte qui est bien la plus grande de tous les temps. Quelle faculté d'abstraction n'a-t-il pas fallu déployer pour atteindre ces résultats ! En effet, toute idée de vivant disparaît alors, et la référence à l'œuvre de Dieu n'est plus possible. En vérité, on est en face d'un monde qu'on a désensorcelé : il n'y a plus que des masses, qui se meuvent selon des lois mathématiques, et la mécanique triomphe. Quelque enracinée qu'elle soit dans le passé, la physique est devenue une science mathématique qui va sans cesse dépouiller le monde de tout résidu magique. Il ne faut pas l'oublier : lorsque Kant s'interroge sur l'être de la nature, il ne pense plus à une nature vivante ou créée, mais à celle que la science mathématique révèle sous la forme de la mécanique.

La nature chez Kant est donc prise dans le sens de l'objet de la mécanique. Cette restriction en amène une seconde : l'extension du concept kantien de la nature n'inclut plus alors les plantes, les animaux, les montagnes, ni même le soleil, la lune et les étoiles, mais se limite à la légalité (*GesetzmäBigkeit*) comme telle. Kant définit effectivement la nature comme la légalité des phénomènes dans l'espace et le temps : « tous les phénomènes de la nature doivent être soumis quant à leur liaison aux catégories, dont la nature (considérée simplement comme nature en général) dépend comme du fondement originaire de sa conformité nécessaire à la loi (comme *natura*

[1] *Ibid.*, p. 468-469.

formaliter spectata). Mais prescrire davantage de lois que celles sur lesquelles repose une nature en général, comme conformité des phénomènes à la loi dans l'espace et le temps, c'est à quoi ne suffit pas la faculté pure de l'entendement, capable de prescrire *a priori* des lois aux phénomènes par de simples catégories »[1]. Nous retrouvons ici le troisième aspect de la phénoménalité kantienne : tout d'abord l'espace et le temps étaient dits formes des phénomènes ; puis le monde devient totalité ; et maintenant la nature est légalité. Comme nous l'avons dit, il ne s'agit donc que d'une légalité mécanique, avec laquelle se confond la nature dont on demande ce qu'elle est. On ne peut pas parler de la nature sans se référer à des lois et à une dérivation nécessaire. La nature est définie alors comme l'ensemble des phénomènes en tant qu'il est ordonné selon une connexion rationnelle, c'est-à-dire soumis à une conformité nécessaire aux lois de l'entendement.

3.2.2. Jugements synthétiques a priori en physique

Le jugement synthétique *a priori* en physique intrigue davantage, car on la tient d'ordinaire pour une science empirique, portant justement sur la nature. Or la physique qui intéressera surtout Kant sera la *physica pura*, la science *a priori* qui renferme les principes purs de la science et de la réalité physique (l'idée de la physique comme d'une « science pure » plonge ici ses racines). De fait, si la physique met à jour des lois universelles, ces lois doivent avoir un fondement *a priori*, qui ne peut provenir, montrera Kant, que de notre entendement. Or cette physique pure, élaborée par exemple dans les *Principes mathématiques de philosophie naturelle* (1686) de Newton, se compose entièrement de propositions synthétiques *a priori*.

Depuis Newton, la physique peut, selon Kant, être considérée comme une science qui, dans ses parties les plus hautes, est *a priori*, rationnelle. Les principes de la physique

---

[1] Kant, *La Critique de la Raison pure*, *op. cit.*, [B 165].

sont synthétiques en même temps qu'ils sont *a priori*. Pour démontrer cette affirmation, Kant nous invite à analyser les deux propositions suivantes: « Dans tous les changements du monde corporel, la quantité de matière reste constante » et « dans toutes communications du mouvement, l'action et la réaction doivent être égales l'une à l'autre ». Ces propositions, nous dit Kant dans l'introduction de la *Critique de la raison pure*[1], ont non seulement un caractère de nécessité qui prouve leur origine mais sont en plus évidemment synthétiques car dans le concept de matière je ne pense pas la permanence. On sort donc réellement du concept de la matière pour y ajouter a priori quelque chose que je n'y concevais pas. La physique pure contient donc à l'évidence des jugements à la fois synthétiques et *a priori* comme principes. Parmi ces principes figure celui de la ''causalité'' que Hume pensait fruit de l'habitude. Ce principe de ''causalité'' jouera dans la critique empiriologiciste de la philosophie de Kant un rôle très important à côté des notions d'espace et de temps.

Le scepticisme se heurte à un fait plus que centenaire à l'époque de Kant : l'existence d'une physique scientifique. A la rigueur, les synthèses pures des mathématiques ne témoignent pas péremptoirement pour la vérité, puisque, considérées en elles-mêmes, elles supposent le jeu de la pensée avec une faculté subjective de réceptivité. Et l'on peut concevoir un monde de fantasmagories et de mirages où l'on pourrait compter. En subordonnant la déduction du nombre à la possibilité de l'expérience, Kant montrait que seule l'applicabilité des mathématiques à la physique peut leur garantir une objectivité qui s'opposerait au scepticisme.

Or la méthode expérimentale a instauré en physique ce passage du subjectif à l'objectif, du jugement de perception au jugement d'expérience. Si Copernic, Galilée, Newton se refusent à construire la nature à partir d'idées ou d'apparences

---

[1] *Ibid.*, [B 17].

rationnelles – comme le font encore Descartes avec ses tourbillons ou Leibniz avec ses monades -, ils ne suivent pas pour autant avec servilité les suggestions empiriques. Ils mettent la nature à la question et la forcent à répondre aux questions que l'entendement soumet aux sens, non que les sens imposent à l'entendement. Tout demeurerait dans la confusion[1], nos associations d'idées manqueraient de la constance qui les transforme en habitudes[2], les apparences ne s'organiseraient pas comme elles le font, en phénomènes soumis à des lois si l'entendement attendait passivement la lumière de la perception.

3.2.3. Comment les jugements synthétiques *a priori* en physique sont-ils possibles ?

La révolution copernicienne qui fait tourner l'objet autour du sujet peut donc seule expliquer la présence des liaisons objectives dans les phénomènes que nous appelons lois de la nature[3]. Sans ces hypothèses dues à l'entendement, les synthèses mathématiques se réduiraient à un jeu et nous ne pourrions pas même imaginer une nature. Revenons alors au jugement d'expérience : « tous les corps sont pesants ». Seule la méthode expérimentale peut vérifier pour tous les corps l'effet

---

[1] « Des objets de l'intuition sensible doivent être conformes aux conditions formelles de la sensibilité résidant *a priori* dans l'esprit, voilà qui est clair, puisque autrement ils ne seraient pas pour nous des objets ; mais qu'ils doivent en outre être conformes aux conditions dont l'entendement a besoin pour la saisie synthétique de la pensée, on n'en saisit pas aussi aisément la preuve. Car les phénomènes pourraient bien à la rigueur être de telle nature que l'entendement ne les trouvât point du tout conformes aux conditions de son unité, et que tout fût dans une telle confusion que, par exemple, dans la série des phénomènes, rien ne s'offrît, qui fournît une règle de la synthèse et correspondît ainsi au concept de la cause à l'effet, si bien que ce concept serait tout à fait vide, nul et sans signification. Les phénomènes n'en offriraient pas moins des objets à notre intuition, puisque l'intuition n'a besoin en aucune manière des fonctions de la pensée ». *Ibid.*, [B 123-124, A 90-91].

[2] *Ibid.*, [A 100-101].

[3] *Ib.*, [B 121, A 89].

de la gravitation que chacun exerce et subit. Mais, la difficulté de la découverte newtonienne le prouve assez, seul un ensemble d'hypothèses que la perception avait été incapable de suggérer pendant des siècles peut garantir l'objectivité de ce jugement d'expérience. Ce sont précisément ces hypothèses, irréductibles aux associations empiriques, qui légitiment, en physique, la question kantienne : comment les jugements synthétiques sont-ils possibles ?

Légitimité par le fait de la science expérimentale, la question kantienne appelle une réponse qui n'est autre que la philosophie transcendantale[1] dans le mesure où celle-ci porte sur la possibilité et l'applicabilité d'une connaissance *a priori*. Il s'agira de montrer comment des conditions subjectives tant de la sensibilité (déduction transcendantale de l'espace et du temps) que de la pensée (déduction transcendantale des catégories et des principes) peuvent avoir une valeur objective en rendant possible la connaissance des objets[2].

La exposition transcendantale de l'espace et du temps, c'est-à-dire l'analyse de la possibilité d'une géo-chronométrie objective, tient en deux propositions : 1°- l'espace et le temps sont deux formes des phénomènes extérieurs indépendantes l'une de l'autre ; 2°- ces formes sont les propriétés subjectives de notre sensibilité.

La première proposition conduit, avec Newton, à admettre l'écoulement homogène du temps et la métrique euclidienne de l'espace. On peut montrer que l'Esthétique transcendantale est compatible avec une conception plus générale de l'espace comme groupe des mouvements rigides. Il en est encore de même avec la ''théorie du schématisme'', le schème n'étant que le mouvement rigide qui transforme telle image en telle autre

[1] *Ib.*,, [B 80-81, A 56-57].
[2] *Ib.*,, [B 121-122, A 89-90].

image particulière[1]. Kant aurait rédigé ce chapitre avant le reste de la *Critique* et les détails qu'on y trouve embarrassent la déduction.

Quand à l'assertion de la subjectivité de l'espace et du temps comme formes de notre réceptivité, c'est faussement que Kant l'a tenue pour nécessaire. Elle devait, selon lui, remédier aux prétendues contradictions touchant l'infinité et la divisibilité à l'infini de l'espace et du temps absolus de Newton. Mais ces contradictions s'évanouissent pour qui accepte de concevoir l'infini en acte[2]. La subjectivité de l'espace et du temps est donc liée à une option philosophique : la connaissance ne porte pas sur les choses en soi, mais sur les phénomènes. Et comme les propositions arithmétiques et géométriques n'ont de validité objective que rapportées à la possibilité de l'objet

---

[1] « Nos concepts sensibles purs n'ont pas pour fondement des images des objets, mais des schèmes. [...] Ce schématisme de l'entendement pur, en vue des phénomènes et de leur simple forme, est un art caché dans les profondeurs de l'âme humaine, et dont nous aurions de la peine à arracher à la nature les secrets du fonctionnement pour les mettre à découvert sous les yeux. Tout ce que nous pouvons dire, c'est que l'image est un produit de la faculté empirique de l'imagination productive, que le schème des concepts sensibles (comme des figures dans l'espace) est un produit et en quelque sorte un monogramme de l'imagination pure *a priori*, au moyen duquel et d'après lequel les images sont d'abord possibles ; mais elles doivent être liées au concept uniquement au moyen du schème qu'elles désignent, et auquel elles ne sont pas en elles-mêmes pleinement adéquates. Au contraire, le schème d'un concept pur de l'entendement est quelque chose qui ne peut être ramené à aucune image, il n'est que la synthèse pure, conformément à une règle de l'unité d'après des concepts en général, qui exprime la catégorie, et il est un produit transcendantal de l'imagination, qui concerne la détermination du sens interne en général selon les conditions de sa forme (le temps) par rapport à toutes les représentations, en tant qu'elles doivent tenir ensemble *a priori* en un concept conformément à l'unité de l'aperception ». Kant, *La Critique de la Raison pure*, [B 180-181, A 141-142].

[2] Vuillemin J., « La théorie kantienne de l'espace à la lumière de la théorie des groupes de transformation », *The Monist*, July 1967, vol. 51, n°3, p. 332-351, p. 336-337.

physique, espace et le temps, n'étant rien en soi dès qu'on abandonne cette condition[1], elles n'ont que l'être des formes subjectives de la réceptivité.

On retrouve les correspondants des deux propositions précédentes au niveau de la déduction des catégories et des principes, où se trouve analysée la possibilité d'une physique objective. 1°- Catégories et principes déterminent les conditions qu'un jugement quelconque doit remplir pour que le mot *être* y reçoive un sens objectif et par conséquent univoque. 2°- Catégories et principes sont des actions subjectives de l'entendement pur.

Les catégories d'Aristote étaient dominées par l'opposition de la substance et de ses accidents. En revanche, Kant prend la table des moments logiques pour fil conducteur de la déduction des catégories, il retient la substance et la cause au rang de corrélants de leurs accidents et de leurs effets, et avec l'équivoque et l'analogie, il chasse la causalité idéale et premier moteur. Peut-être, il n'y a plus d'être en dehors des catégories.

La substance comme permanence, c'est le schème de substance : « Le schème[2] de la substance est la permanence du

---

[1] « Nos explications enseignent donc la réalité (c'est-à-dire la valeur objective) de l'espace par rapport à tout ce qui peut se présenter à nous extérieurement comme objet, mais en même temps l'idéalité de l'espace, par rapport aux choses, quand elles sont considérées par la raison en elles-mêmes, c'est-à-dire sans tenir compte de la constitution de notre sensibilité. Nous affirmons donc la réalité transcendantale, c'est-à-dire qu'il n'est rien, dès que nous laissons de côté la condition de la possibilité de toute expérience, et que nous l'acceptons comme quelque chose qui sert de fondement aux choses en soi ». Kant, *La Critique de la Raison pure*, [B 44, A 28].

[2] « Les schèmes ne sont autre chose que des déterminations du temps *a priori*, d'après des règles ; et ces déterminations, suivant l'ordre des catégories, concernent la série du temps, le contenu du temps, l'ordre du temps, enfin l'ensemble du temps par rapport à tous les objets possibles ». Kant, *La Critique de la Raison pure*, [B 184, A145]. Le schème n'est donc proprement que le phénomène, ou le concept sensible d'un objet, en accord avec la catégorie (Numerus est quantitas phaenomenon, sensatio

réel dans le temps, c'est-à-dire la représentation de ce réel, comme d'un substrat de la détermination empirique du temps en général, substrat qui demeure donc, pendant que tout le reste change. (Le temps ne s'écoule pas, mais en lui s'écoule l'existence du changeant. Au temps donc, qui est lui-même immuable et fixe, correspond, dans le phénomène, l'immuable dans l'existence, c'est-à-dire la substance, et c'est simplement en elle que peuvent être déterminées la succession et la simultanéité des phénomènes par rapport au temps »[1]. Pourtant dans cette définition temporelle de la substance qui, pour Kant, est celle de son schéma, intervient aussi l'idée logique de sujet : « De fait, il reste assurément aux concepts de l'entendement pur, même abstraction faite de toute condition sensible, une signification, mais seulement logique, celle de la simple unité des représentations [...]. Ainsi la substance, par exemple, si on écartait la détermination sensible de la permanence, ne signifierait rien de plus qu'un quelque chose, qui peut être pensé comme sujet (sans être un prédicat de quelque autre chose) »[2]. Dans ce passage, la substance est le sujet qui n'est jamais attribut, et alors, comme telle, la substance devient catégorie. On voit très bien ici ce que Kant entend quand il dit que la *Critique de la raison pure* repose sur une démarche non pas analytique mais synthétique[3].

Par le schématisme, nous comprenons donc comment les formes *a priori* de l'entendement peuvent s'appliquer aux phénomènes. Il nous reste à exposer maintenant dans un ordre systématique les jugements que l'entendement produit réellement *a priori*, et ce sera répondre à la deuxième question

---

realitas phaenomenon, constans et perdurabile rerum substantia phaenomenon – aeternitas, necessitas phaenomenon, etc.). *Ibid.*, [B 186, A146].

[1] *Ibid.*, [B 183 A143].

[2] *Ibid.*, [B 186 A147].

[3] Kant, *Prolégomènes à toute métaphysique future*, *op. cit.*, § 2.

que posait la *Critique* : Comment une physique pure est-elle possible ? En effet, toute connaissance analytique repose sur le principe de contradiction, mais celui-ci ne saurait fonder des jugements synthétiques *a priori*. En revanche, l'existence de tels jugements s'explique aisément si l'on comprend que les catégories soumettent toute notre connaissance à des conditions *a priori*, qu'aucun objet ne sera jamais connu de nous qu'à travers ces formes *a priori* que sont les catégories. « Le principe suprême de tous les jugements synthétiques est donc que tout objet est soumis aux conditions nécessaires de l'unité synthétique du divers de l'intuition dans une expérience possible »[1].

Nous savons en effet *a priori* des objets de l'expérience possible qu'ils seront conformes à ce que l'entendement met de lui-même dans toute connaissance. On peut maintenant parler des principes de l'entendement ou des principes *a priori*. Mais, traitons auparavant de l'analyse de la possibilité des jugements synthétiques *a priori* dans *Prolégomènes*.

4.4. Possibilité des jugements synthétiques *a priori* dans *Prolégomènes*

Pourrait-on conclure, pour ce qui est de la deuxième grande question kantienne : comment des jugements synthétiques *a priori* sont-ils possibles en physique ?

Kant va encore plus loin en fondant, on l'a entrevu, sur les concepts purs de l'entendement les vérités des jugements *a posteriori* de la science empirique. Il a introduit dans les formulations ultérieures de sa déduction (celle des *Prolégomènes* de 1783) une distinction, importante en elle-même, entre le « jugement de perception » et le « jugement d'expérience ». Le premier est un jugement qui se contente d'unir subjectivement des perceptions, sans élever de prétention à l'objectivité. Le jugement d'expérience, selon l'appellation de

[1] Kant, *La Critique de la Raison pure*, *op. cit.*, [B 198 A158].

Kant, dit plus : il revendique une validité objective, c'est-à-dire universelle[1]. A quoi attribuer cette validité universelle du jugement d'expérience, argumente maintenant Kant : « Les jugements d'expériences emprunteront la validité objective [...] à la condition de la validité universelle des jugements empiriques qui [...] ne repose jamais sur des conditions empiriques et même en général sensibles, mais sur un concept pur de l'entendement »[2]. Kant peut-être a voulu montrer que les jugements d'expérience ont le droit d'élever une prétention à l'universalité et à la nécessité (donc l'*a priori*). Cela revient à élever des jugements d'expérience à la dignité de jugements *a priori*[3]. Kant a peut-être voulu étirer un peu trop la portée de sa révolution épistémologique, qui fondait la possibilité de la physique pure sur la synthèse exécutée *a priori* par les catégories de l'entendement, en l'étendant aussi à la physique expérimentale et à ses découvertes *a posteriori*. Le paragraphe 36 des *Prolégomènes* résume clairement que l'enchaînement des phénomènes quant à leur existence d'après des règles nécessaires, c'est-à-dire d'après des lois : « La possibilité de l'expérience en général est donc en même temps la loi universelle de la nature et les principes de la première sont les lois mêmes de la seconde. Car nous ne connaissons la nature que comme ensemble des phénomènes, c'est-à-dire des représentations, et nous ne pouvons donc tirer la loi de leur liaison d'ailleurs que des principes de leur liaison en nous »[4]. Kant substitue au problème de la fondation métaphysique de la physique la question de savoir comment la connaissance physique est possible, c'est-à-dire la question de savoir

---

[1] Kant, *Prolégomènes à toute métaphysique future*, *op. cit.*, § 18-19.

[2] *Idid.*, § 19.

[3] Dans l'introduction à la *Critique* Kant avait pourtant bien spécifié qu'un jugement *a posteriori* ne pouvait jamais revendiquer une prétention à l'universalité et à la nécessité, réservée au savoir *a priori*, lequel procède d'une origine rationnelle et jamais empirique.

[4] Kant, *Prolégomènes à toute métaphysique future*, *op. cit.*, § 36.

comment le phénomène (*Erscheinug*), qui n'est d'abord que « l'objet indéterminé d'une intuition empirique »[1], devient objet de connaissance. Cette question renvoie à celle de la possibilité des jugements synthétiques *à priori* en physique, et de la théorie de la connaissance exposée dans la *Critique de la raison pure*.

Il demeure que l'analytique transcendantale restreint la validité de l'*a priori* au champ de l'expérience possible : 1°- la physique pure n'a d'autre fonction que d'épeler les conditions de possibilité de l'expérience, c'est-à-dire les principes purs qui se trouvent au fondement de la connaissance et, partant, du réel ; 2°- la validité des concepts purs se limitera ensuite, même si ce pas reste assez problématique, à justifier la prétention de validité des jugements tirés de l'expérience. La Déduction transcendantale se termine donc sur la thèse : « Par suite il n'y a de connaissance *a priori* possible pour nous que celle d'objets de l'expérience possible ».

---

[1] Kant, *La Critique de la Raison pure*, *op. cit.*, [B 34, A 19].

Chapitre V.   Les principes kantiens

Pour mieux comprendre ce point, traçons le tableau de la nature newtonienne. La nature, c'est ce qui est déterminé absolument par les lois qui portent son nom, c'est-à-dire un système purement mécanique fermé sur lui-même. Or cette nature newtonienne nous permet de mieux comprendre les problèmes de l'*Analytique transcendantale*. Ces problèmes sont au nombre de trois : 1° – problème du fondement au point de vue d'une analyse catégorielle ; 2° – problème de la perception de cette nature newtonienne (nous posions également plus haut la question parallèle de la perception de l'espace euclidien) ; 3° – problème ontologique de l'être de cette nature newtonienne (à quoi correspondait plus haut une question analogue sur l'être de l'espace).

Le modèle de Newton nous a livré les trois principes fondamentaux : substance, causalité et action réciproque. Ces principes restent dans un système général composé d'un très grand nombre de points doués de masse et de vitesse différentes ; ainsi celui de substance vaut autant pour la masse que pour l'énergie, et celui de causalité se confond avec la détermination univoque d'un instant sur le tout. Enfin le principe d'action continue lui aussi à valoir : chaque point du système agit sur tous les autres, et pour calculer une seule trajectoire, il faut faire intervenir toutes les autres, le génie universel de Laplace n'y suffisant alors peut-être plus.

Telle est cette mécanique du monde qui a suscité un tel enthousiasme, et tels sont ces principes qui autorisèrent les spéculations les plus folles. Et pour la *Critique de la raison pure*, c'est bien dans la nature newtonienne qu'est le centre du débat[1].

[1] Des trois principes de la nature, c'est celui de substance, pour autant qu'on y voit la conservation de la mass, qui a certainement encore une valeur

Kant reprend à son compte ce problème dans sa thèse de 1755 : *Principiorum primorum cognitionis metaphysicae nova dilucidatio*[1], où il critique l'argument de Wolff, en montrant qu'il est étroitement lié à l'œuvre de Leibniz. Deux grands principes, dit-il, celui d'‘‘identité’’ et celui de ‘‘raison suffisante’’, fondent la métaphysique. Kant défend donc le principe de raison suffisante contre Crusius, mais il refuse les arguments de Wolff en montrant par une analyse précise que le principe de raison suffisante ne peut pas être déduit du principe de contradiction. Kant introduit alors un nouvel argument, qui tombera sous le coup de la condamnation postérieure prononcée contre ses écrits pré-critiques[2].

La distinction leibnizienne entre les deux principes est interprétée par Kant comme préfiguration de sa distinction entre jugements analytiques et synthétiques ; et inversement la thèse kantienne du caractère synthétique des principes de la pure nature est comprise comme la juste continuation de la tentative leibnizienne.

On peut appeler principes de l'entendement ou principes *a priori* les propositions qui ne dérivent pas de l'expérience et auxquelles cependant toute expérience doit être conforme, sous peine de n'être rien pour nous que nous puissions connaître : « La table des catégories nous donne une indication toute naturelle au sujet de la table des principes, puisque ceux-ci ne

---

actuelle, ce qui est aussi vrai plus ou moins pour le principe de l'action réciproque, tandis que celui de causalité, au sens où nous l'avons pris, n'est valable que pour la physique classique dont il est la caractéristique spécifique.

[1] Kant, *Principiorum primorum cognitionis metaphysicae nova dilucidatio*, 1755, AK I : 385-416, *Nouvelle explication des premiers principes de la connaissance métaphysique*, traduction J. Ferrari, Pléiade, 1, 109-163.

[2] Kant, *Anthropologie in pragmatischer Hinsicht(1789)*, AK VII :117-334, *Anthropologie du point de vue pragmatique* (1798), traduction par M. Foucault, Paris, Vrin, 1991, p. 76-77.

sont rien d'autre que les règles de l'usage objectif des catégories »[1].

Les principes expriment ce que l'entendement exige de l'intuition pour que soit assurée, par le moyen des catégories, l'unité objective de la conscience de soi. Kant nous en propose la table suivante[2] :

I°- Axiomes de l'‘‘intuition'' ;

II°- Anticipations de le ‘‘perception'' ;

III°- Analogies de l'‘‘expérience''

IV°- Postulats de la ‘‘pensée empirique en général''.

Les analogies et les postulats se divisent en trois ; la symétrie a exigé que les axiomes et les anticipations se divisent aussi en trois.

Dans la table des principes, Kant part des catégories de la quantité qui correspondent aux axiomes de l'intuition, qui ont pour formule générale :

I° - « Toutes les intuitions sont des grandeurs extensives »[3].

II° - Le principe unique de l'anticipation de la perception[4] est celui-ci :

« Dans tous les phénomènes le réel, qui est un objet de la sensation, a une grandeur intensive, c'est-à-dire un degré »[5].

III° - Les analogies de l'expérience, qui correspondent aux catégories de la relation, ont un principe général : « L'expérience n'est possible que par la représentation d'une

[1] Kant, *La Critique de la Raison pure*, *op. cit.*, [A 161 B 200].
[2] *Ibid.*, [A 161 B 200].
[3] *Ibid.*, [B 202].
[4] Le principe qui anticipe toutes les perceptions comme telles est celui-ci : Dans tous les phénomènes, la sensation et le réel qui leur correspond dans l'objet (*realita phaenomenon*) ont une grandeur intensive, c'est-à-dire un degré. Kant, *Œuvres philosophiques*, T. 1, note de p. 906.
[5] Kant, *La Critique de la Raison pure*, *op. cit.*, [B 207].

liaison nécessaire des perceptions[1] »[2]. Et des applications particulières à chaque catégorie.

* La première est la thèse de la conservation de la substance :

« Principe de la permanence de la substance[3] : Dans tout changement des phénomènes, la substance persiste, et son quantum n'augmente ni ne diminue dans la nature »[4].

* La deuxième analogie formule le principe de la succession selon la loi de la causalité : « Tous les changements arrivent suivant la loi de liaison de la cause et de l'effet[5] »[6].

* La troisième analogie ajoute : le « principe de la simultanéité, suivant la loi de l'action réciproque ou de la communauté[7] : toutes les substances en tant qu'elles peuvent être perçues comme simultanées dans l'espace, sont dans une action réciproque universelle »[8].

IV - La table des principes se termine par trois postulats de la pensée empirique :

1 - « Ce qui s'accorde avec les conditions formelles de l'expérience (quant à l'intuition et aux concepts) est possible.

---

[1] Le principe général : tous les phénomènes sont soumis *a priori*, quant à leur existence, à des règles qui déterminent leurs rapports entre eux dans un temps. Kant, *Œuvres philosophiques*, T. 1, note de p. 914.

[2] Kant, *La Critique de la Raison pure*, [B 217].

[3] Principes de la permanence. Tous les phénomènes contiennent quelque chose de permanent (substance) qui est l'objet même, et quelque chose de changeant, qui est la simple détermination de cet objet, c'est-à-dire un mode de son existence. Kant, *Œuvres philosophiques*, T. 1, note de p. 919.

[4] Kant, *La Critique de la Raison pure*, [A 182 B 224].

[5] Principe de la production : Tout ce qui arrive (commence d'être) suppose quelque chose à quoi il succède d'après une règle. Kant, *Œuvres philosophiques*, T. 1, note de p. 925.

[6] Kant, *La Critique de la Raison pure*, [A 189 B 232].

[7] Principe de la communauté. Toutes les substances, en tant qu'elles sont simultanées, sont dans une communauté universelle (c'est-à-dire dans une action réciproque). Kant, *Œuvres philosophiques*, T. 1, note de p. 924.

[8] Kant, *La Critique de la Raison pure*, [A 211 B 256].

2 - » Ce qui est en cohésion avec les conditions matérielles de l'expérience (la sensation) est réel.

3 - » Ce dont la cohésion avec le réel est déterminée suivant les conditions générales de l'expérience est nécessaire (existe nécessairement) »[1].

Voici donc brièvement et schématiquement exposée la doctrine des jugements *a priori*, telle qu'elle est élaborée par Kant dans la *Critique de la raison pure*. Bien entendu, nous ne sommes pas entrés dans les détails de cette élaboration et nous n'exposons pas non plus comment cette tradition a évolué et qui l'a transmise tout au long du XIXe siècle de façon continue. Une théorie néokantienne de la connaissance physique inspirera diversement Cassirer et Wittgenstein. Nous n'exposerons pas non plus l'héritage kantien du XIXe siècle.

---

[1] *Ibid.*, [A 218 B 265-267].

Bibliographie

Aristote, *Physique*, traduction, présentation, notes, bibliographie et index par Pierre Pellegrin, Paris, Flammarion, 2008.

Aristote, *La métaphysique*, nouvelle éd. entièrement refondue, avec commentaire par J. Tricot. - Nouv. éd. entièrement refondue, 2 vol, Paris : J. Vrin, 1986-1991.

Boutroux E., *La philosophie de Kant*, Paris, Vrin, 1926.

Bréhier E., *Histoire de la philosophie*, Paris, Nouvelle édition, PUF, 1981.

Bouriau ch., *Lectures de Kant, le problème du dualisme*, Paris, PUF, 2000.

Brisson L., *Puissance et limites de la raison, le problème des valeurs*, Paris, Les belles lettres, 1995.

Brittan, G., « Kant and the quantum theory », *in Kant and contemporary epistemology*, pp. 131-155, edited by Paolo Parrini, Kluwer Academic Publishers, 1994.

Broad C. D., « Kant's theory of Mathematical and Philosophical Reasoning », *Proceedings on the Aristotelian Society 42*, (1941-1942).

Brunschvicg L., *L'expérience humaine et la causalité physique*, Paris, 1922.

Cassirer E., *La philosophie de la lumière*, Paris, Fayard, 1966.

Chenet F.-X., « Réceptivité de la sensibilité et subjectivité de la réceptivité: la question du fondement de la phénoménalité du phénomène chez Kant », *Revue de Mtaphysique et de Morale*, n° 4, 1988, p. 469-487.

Chevalley C., « Nature et loi dans la philosophie moderne », in *Notions philosophies*, sous la direction de D. Kambouchner, Paris, Gallimard, 1955, p. 127-230.

Cramoe-Casnabet M., *Figures du transcendantal*, textes réunis par Cramoe-Casnabet M., Paris, ENS éditions Fontenay/Saint-Claud, 1996.

Deleuze G., *La philosophie critique de Kant*, Paris, PUF, 1991.

Descartes, *Œuvres*, Paris, Vrin, T. XI, 1996.

Descartes, *Règles pour la direction de l'esprit*, Paris, J. Vrin, 1966.

Ferrari J., *Les sources françaises de la philosophie de Kant*, Paris, Klincksieck, 1979.

Grondin J., *Kant et le problème de la philosophie : L'*a priori, Paris, Vrin, 1989.

Grondin J., *Emmanuel Kant : Avant/Après*, Paris, Criterion, 1991.

Gottfried M., *Science moderne et ontologie traditionnelle chez Kant*, Paris, PUF, 1960.

Heisenberg W., *Physique et philosophie*, Paris, Albin Michel, 1961 et 1971.

Hintikka J., *La philosophie des mathématiques chez Kant* (1980), Paris, PUF, 1996.

Hume D., *Traité de la nature humaine*, Paris, Aubier, 1947.

Hume D., *Enquête sur l'entendement humaine*, Paris, Vrin, 1972.

Kant, *Critique de la raison pure*, traduit par Alexandre J. – L. Delamarre et F. Marty à partir de la traduction de J. Barni, Paris, Gallimard, 1990.

Kant, *Réponse à la question : Qu'est-ce que les lumières ?*, 1784, traduit par Heinz Wismann, Paris, Gallimard, 1985.

Kant, *Logique*, AK IX 32-33, traduction par L. Guillermit, Paris, Vrin, 1989.

Kant, *Histoire générale de la Nature et Théorie du ciel*, 1755, AK. 243, traduction, introductions et notes par P. Kerszberg, A.-M, Roviello et J. Seidengart sous la coordination de J. Seidengart, Vrin, 1984.

Kant, *Premiers principes métaphysiques de la science et de la nature*, trad. F. Gandt, dans *Œuvres philosophiques*, tome II, Pléiade, 347-493 ; trad. J. Gibelin, 2e éd., Paris, Vrin, 1971.

Kant, *Unique fondement possible d'une démonstration de l'existence de Dieu*, IIIe partie, traduction de Sylvaine Zac, *Œuvre philosophique I*, Paris, Gallimard, "La Pleiade", 1980.

Kant, *Du premier fondement de la différenciation des régions dans l'espace*, traduction par S. Zac, in : Kant, *Quelques opuscules précritiques*, Paris, Vrin, 1970.

Kant, *Prolégomènes à toute Métaphysique Future*, AK. IV 260, traduction par J. Rivelaygue in *Œuvres philosophiques*, vol. 2, Paris, Gallimard, "La Pleiade", 1985.

Kant, *La monadologie physique*, traduction française par S. Zac *in* : Kant, *Quelques opuscules précritiques*, Paris, Vrin, 1970.

Kant, *Recherche sur l'évidence des principes de la théologie naturelle et de la morale*, traduction J. Ferrari, Pléiade, 1, 205-249 ; traduction M. Fichant, Paris, Vrin, 1966.

Kant, *Anthropologie in pragmatischer Hinsicht(1789)*, AK VII : 117-334, *Anthropologie du point de vue pragmatique* (1798), traduction par M. Foucault, Paris, Vrin, 1991.

Kant, *Critique de la faculté de juger*, édition publiée sous la direction de F. Alquié, Gallimard, 1985.

Kerszberg P., *Kant et la nature, la nature à l'épreuve de la critique*, Paris, Les Belles Lettres, 1999.

Kerszberg P., « Natural versus transcendental philosophy », *Graduate Faculty Phylosophy Journal*, 18 (2), 1995, p. 17-61.

Kerszberg P., « Two senses of Kant's Copernican revolution », *Kant-Studien*, 80 (1), 1989.

Kerszberg P., « The critical philosophy of relativity », *The Review of Metaphysic*, 41 (161), 1978.

Lanteigne J., *La question du jugement*, Paris, Harmattan, 1993.

Leibniz, *Discours de métaphysique et correspondance avec Arnauld*, introduction, texte et commentaire par Georges le Roy, Paris, Vrin, 1988.

Leibniz, *Monadologie*, Paris, Gallimard, 1995.

Leibniz, *Nouveaux essais sur l'entendement humain*, Paris, GF-Flammarion 1990.

Malherbe M., *Kant ou Hume ou la raison et le sensible*, Paris, Vrin, 1980.

Marty F., *La naissance de la métaphysique chez Kant, une étude sur la notion kantienne d'analogie*, Paris, Beauchesne, 1980.

Marty F., « L'*opus postmum* kantien, une quatrième critique », *Bulletin de la Société Française de Philosophie*, N° 4, octobre-décembre 1998.

Marty F., « L'analogie chez Kant : une notion critique », *Les Etudes Philosophique*, n° 3-4, 1989, p. 455-474.

Meyer M., *Science et métaphysique chez Kant*, Paris, PUF, 1988.

Meyer M., « Le paradoxe de l'objet chez Kant », *Kant-Studien*, 3, 1977.

Newton, *Principes mathématiques de la philosophie naturelle*, trad. franç. Par Madame la marquise Du Chastellet, Paris, J. Gabay, 1990.

Paolo Parrini (ed), *Kant and contemporary epistemology*, Kluwer Academic Publishers, 1994.

Philonenko A., *L'œuvre de Kant, La philosophie Critique*, tome I, Paris, Vrin, 1993.

Piché C., « Le schématisme de la raison pure contribution au dossier Heidegger-Kant » *Les Etudes Philosophiques*, n° 1, 1986, p. 79-99.

Platon, *La République*, traduction inédite, introduction et notes par Georges Leroux. Paris, Flammarion, 2004.

Platon, *Timée,* trad. inédite, introd. et notes par Luc Brisson, Paris, Flammarion, 2001

Poincaré H., *La science et l'hypothèse*, Paris, Flammarion, 1969.

Prigogine et Stengers, *La nouvelle alliance*, Paris, Gallimard, 1986.

Pringe H., *Critique of the quantum power of judgment : a transcendental foundation of quantum objectivity*, Berlin ; New York, Gruyter, 2007.

Rousset B., *La doctrine kantienne de l'objectivité*, Paris, Vrin, 1960.

Schneeberger G., « Heidegger et Cassirer interprètes de Kant », trad. par Declève H., *Revue Philosophique de Louvain*. T. 67, 1969, p. 517-545.

Seidengart J., « Du phénomène au noumène chez Kant », *Annales d'histoire et de philosophie du vivant*, vol. I, 1998, p. 165-184.

Theau J., « Critique kantienne et critique néo-positiviste de la métaphysique », dans actes du congrès d'Ottawa sur Kant dans les traditions, Anglo-Américaine et continental tenu du 10 au 14 octobre 1974, p. 321-337.

Vuillemin J., *L'intuitionnisme kantien*, Paris, Vrin, 1994.

Vuillemin J., *La philosophie et métaphysique kantienne*, Paris, PUF, 1955.

Yakira E., *La causalité : de Galilée à Kant*, Paris, PUF, 1994.

Zahn M., « Contemporary trends in the interpretation of Kant's critical philosophy », *South African Journal of Philosophy*, 8 (3/4), 1989, p. 129-147.

Zanetti, *La nature a-t-elle une fin ? Le problème de la téléologie chez Kant*, Bruxelles, Ousia, 1994.

Weizsacker C.F.von, *Le monde vu par la physique ; analyse kantienne de la physique quantique*, Paris, Flammarion, 1956.

Index des noms propres

Table des matières

Pour Comprendre

Collection dirigée par Jean-Paul Chagnollaud

L'objectif de cette collection *Pour Comprendre* est de présenter en un nombre restreint de pages (176 à 192 pages) une question contemporaine qui relève des différents domaines de la vie sociale.

L'idée étant de donner une synthèse du sujet tout en offrant au lecteur les moyens d'aller plus loin, notamment par une bibliographie sélectionnée.

Cette collection est dirigée par un comité éditorial composé de professeurs d'université de différentes disciplines. Ils ont pour tâche de choisir les thèmes qui feront l'objet de ces publications et de solliciter les spécialistes susceptibles, dans un langage simple et clair, de faire des synthèses.

Dernières parutions

Adriana NEACŞU, *Histoire de la philosophie ancienne et médiévale*, 2011.

Marcienne MARTIN, *De la démocratie à travers langue et univers médiatique*, 2011.

Patricia TARDIF-PERROUX, *La France : son territoire, une ambition. Mutations, situation, défis*, 2011.

Dominique GÉLY, *Le parrainage des élus pour l'élection présidentielle,* 2011.

Marie-Hélène PORRI, *Le suicide il faut en parler*, 2010.

Michel PARAHY, *L'inconscient de Descartes à Freud : redécouverte d'un parcours*, 2010.

Jean-François DUVERNOY, *La fabrique politique Machiavel*, 2010.

Gérard LAROSE, *La stratégie de la vie associative*, 2010.

Xavier HAUBRY, *Le contrôle de l'inspection du travail et ses suites*, 2010.

Franck BACHELET, *Politiques et institutions sociales*, 2010.

Jean-François DUPEYRON, *Nos idées sur l'enfance*, 2010.

Georges CHEVALLIER, *Systèmes de santé : Clés et comparaisons internationales*, 2010.

Yves THELEN, *Éveil à l'esprit philosophique*, 2009.

L'HARMATTAN, ITALIA
Via Degli Artisti 15; 10124 Torino

L'HARMATTAN HONGRIE
Könyvesbolt ; Kossuth L. u. 14-16
1053 Budapest

L'HARMATTAN BURKINA FASO
Rue 15.167 Route du Pô Patte d'oie
12 BP 226 Ouagadougou 12
(00226) 76 59 79 86

ESPACE L'HARMATTAN KINSHASA
Faculté des Sciences sociales,
politiques et administratives
BP243, KIN XI
Université de Kinshasa

L'HARMATTAN CONGO
67, av. E. P. Lumumba
Bât. – Congo Pharmacie (Bib. Nat.)
BP2874 Brazzaville
harmattan.congo@yahoo.fr

L'HARMATTAN GUINÉE
Almamya Rue KA 028, en face du restaurant Le Cèdre
OKB agency BP 3470 Conakry
(00224) 60 20 85 08
harmattanguinee@yahoo.fr

L'HARMATTAN CÔTE D'IVOIRE
M. Etien N'dah Ahmon
Résidence Karl / cité des arts
Abidjan-Cocody 03 BP 1588 Abidjan 03
(00225) 05 77 87 31

L'HARMATTAN MAURITANIE
Espace El Kettab du livre francophone
N° 472 avenue du Palais des Congrès
BP 316 Nouakchott
(00222) 63 25 980

L'HARMATTAN CAMEROUN
BP 11486
Face à la SNI, immeuble Don Bosco
Yaoundé
(00237) 99 76 61 66
harmattancam@yahoo.fr

L'HARMATTAN SÉNÉGAL
« Villa Rose », rue de Diourbel X G, Point E
BP 45034 Dakar FANN
(00221) 33 825 98 58 / 77 242 25 08
senharmattan@gmail.com

Achevé d'imprimer par Corlet Numérique - 14110 Condé-sur-Noireau
N° d'Imprimeur : 82548 - Dépôt légal : octobre 2011 - *Imprimé en France*